建築Jウォーク
「ちょっと真面目・チョット皮肉」

石山　祐二

書名の由来（はしがきより）

　この本は「ちょっと真面目・チョット皮肉」という題名の下に連載したもので、本のタイトルとして"建築Jウォーク"を付け加えました。ジェイウォーク (jaywalk) とは「交通規則・信号を無視して道路を横断する」ことで、この本には建築以外の内容も多いこと、どの節も独立した内容で、節の順序に関係なくどこから読み始め、次にどの節を読もうと構わないので、このように名付けました。

はしがき

　日頃は当たり前と思っていることでも、よく考えてみると疑問に思うことがあったり、旅行などで初めての地に行くと、新しい疑問が湧いてきたり、疑問に思いながらも、それについて深く考えることがないままに過ごしてきたことなどは誰にでもあると思います。

　この本は、日常生活や旅行の際に、いろいろ気の付いたこと、仕事・研究・教育を通して感じたこと、当たり前と思われていることに対しても、自分として考え、書いたものです。特に、第1章「人間・生活について」は、専門とは関係なく、一人の人間として感じたことを書きましたので、皆さんも一緒に考えて欲しいと思います。

　私は大学で建築を学び、仕事として構造設計、研究・研修・企画などにたずさわりました。カナダの研究所、ペルーの地震防災センターでの生活も経験しました。その後、大学で建築構造の研究や教育を行ってきました。このため、第2章と第3章には建築や地震・耐震工学に関することが多いのですが、誰にでも分かるように書きましたので、ぜひ読んで下さい。

　旅行などに出かけると、それまでは気が付かなかったことに目が向き、考えさせられることが多々あります。その中で、特に興味深かったことを自分なりに考え・書いた第4章「海外について」と第5章「ペルーについて」は、旅行・特に海外旅行に興味のある方には同感して頂けると思っています。

　皆さんにも故郷への特別な感情・感傷があると思いますが、第6章「北海道について」は、25年ぶりに北海道に戻り、生活しながら感じた私の故郷への思いの一端です。

　この本は「ちょっと真面目・チョット皮肉」という題名の下に連載したもので、本のタイトルとして"建築Jウォーク"を付け加えました。ジェイウォー

ク (jaywalk) とは「交通規則・信号を無視して道路を横断する」ことで、この本には建築以外の内容も多いこと、どの節も独立した内容で、節の順序に関係なくどこから読み始め、次にどの節を読もうと構わないので、このように名付けました。

2005年3月に北海道大学の定年を迎えることになり、これを機会に一冊の本としてまとめてみましたが、今感じていることは、1.1節に書いてあります「年齢と共に年月が速く過ぎる」ということです。皆さんはどのように感じているのでしょうか。その他の節についても、皆さんの率直なご批判・コメントなどをいただければ幸甚です。

2005年2月

石山　祐二
to-yuji@nifty.com

目次

はしがき		i
第1章	人間・生活について	1
1.1	年齢と共に年月はどのくらい速く過ぎると感じる？	1
1.2	車の速度制限違反と取締り	3
1.3	肥満、喫煙、飲酒と健康	5
1.4	拡散現象と人口集中	6
1.5	対数と人間の感覚	8
1.6	「たばこ・喫煙・禁煙・嫌煙」	10
1.7	日本の住所・外国の住所	12
1.8	「十勝型事故」改め「田園型事故」は陸にも空にも	14
1.9	吸い殻と地雷、始末するのは誰？	15
1.10	廃止しよう「横断歩道」と「歩道橋」	17
1.11	カーナビでドライブを楽しく！	20
1.12	サマータイム導入よりは？	22
第2章	建築物・構造物について	25
2.1	日本の建物の柱はなぜ太い？	25
2.2	建設現場用語集は悪魔の辞典？	27
2.3	着氷現象と構造物への影響	29
2.4	建物の高さと面積	30
2.5	冬も夏も新築も改築も「外断熱工法」	33
2.6	継手（つぎて）・仕口（しぐち）と考古学	35
2.7	人・環境・技術：建築への提言	37

2.8	「住宅の品質確保の促進等に関する法律」の施行	39
2.9	ニューヨーク世界貿易センタービル：崩壊の原因？	41
2.10	クアラルンプール：名物は世界一高い建物	44
2.11	ペントハウス (塔屋) とブルペン	46
2.12	突然崩壊した朱鷺メッセの連絡デッキ (1)	48
2.13	突然崩壊した朱鷺メッセの連絡デッキ (2)	50

第3章　地震・耐震について　53

3.1	1993年釧路沖地震：北海道の住宅は地震に強い!?	53
3.2	1993年北海道南西沖地震の被害：釧路沖地震との比較	55
3.3	地震学の父ジョン・ミルンと函館の女	58
3.4	1995年阪神大震災：木造住宅の被害について	60
3.5	1995年阪神大震災：地震被害と耐震規定の歴史	62
3.6	1995年阪神大震災：建物の崩壊パターン	64
3.7	1995年サハリン北部地震による建物被害	66
3.8	気象庁の震度階級の改正	68
3.9	「新耐震」と阪神大震災	70
3.10	1999年コロンビア・キンディオ地震	72
3.11	1999年トルコ大地震－被害の原因と教訓	75
3.12	「大地震の度に大被害」を考える	76
3.13	「耐震設計の考え方」をもう一度	78
3.14	国際地震工学会 (IAEE) とその世界大会 (WCEE)	80
3.15	構造物の地震動に対する時刻歴解析	82
3.16	建物はいつでも同じ周期で揺れる！	84
3.17	地震時に物体が倒れる条件は？	86
3.18	改定された地震荷重のISO規格	88
3.19	鉄筋コンクリート造建物の耐震補強例	90
3.20	第10回を迎えた日米構造設計協議会	93
3.21	2003年十勝沖地震と建築物の被害	95
3.22	津波から人命を守ろう	96

第4章　海外について　99

4.1	外国語と日本人	99
4.2	昼と夜の長さの変化	101
4.3	日本語と英語の表現	103
4.4	アルゼンチンの国立耐震研究所 INPRES	105
4.5	水の都ベニスの地盤沈下	107
4.6	フィリピンのゆで卵	109
4.7	緑の三角屋根の家に住んでいた「赤毛のアン」	111
4.8	エジプトのピラミッド	113
4.9	続・エジプトのピラミッド	115
4.10	デンマークはおとぎ話の国	118
4.11	9年振りのポーランド	120
4.12	ベニスはどこも歩行者天国	122
4.13	通貨レートの変動と価値	125
4.14	1991年独立のスロベニヤ共和国	127
4.15	エッフェル自身より有名なエッフェル塔	128
4.16	ベトナム・ハノイの住宅と橋	130
4.17	小便小僧とその妹版	133
4.18	パルテノン神殿とオリンピック競技場	135
4.19	インドネシア人間居住研究所の第三国研修	137

第5章　ペルーについて　　　141

5.1	ペルーの首都リマと雨	141
5.2	中南米とスペイン語	144
5.3	ナスカの地上絵の謎	146
5.4	ペルーの1989年のインフレ率2,800%	148
5.5	リマのアパートの条件	150
5.6	リマの交通事情と車	152
5.7	インカ帝国の終焉（しゅうえん）とペルー大統領選挙	154
5.8	1990年ペルー・リオハ地震の調査と被害	156
5.9	楽しくスペイン語	159
5.10	ペルーの特殊な地盤－崩壊土と膨張土	161
5.11	インカ帝王の身代金とマチュピチュ遺跡	163

5.12	日本・ペルー地震防災センター（CISMID）	165
5.13	ペルーより帰国して感じたこと・・・	167
5.14	5年半振りのペルーと人質事件	169
5.15	ペルー人質の解放と地下トンネル	171

第6章　北海道について　173

6.1	北海道の住宅のデザインの変化	173
6.2	断熱第一の北海道の住宅	175
6.3	ホワイトイルミネーション	177
6.4	北半球ど真中・北緯45度	179
6.5	札幌の観光名所「大倉シャンツェ」	182
6.6	火山と彫刻に囲まれた洞爺湖	185
6.7	祝誕生「コンサドーレ札幌」「北広島市」「石狩市」	186
6.8	長い冬の後は・・・美しい春・・・でも・・・	189
6.9	屋根はやっぱり三角屋根	190
6.10	スカートは暖かい？！	193
6.11	開業10周年を迎えた世界最長の青函トンネル	194
6.12	白鳥大橋：長さは10番でも美しさと安さは一番	196
6.13	改修工事が完了した札幌の時計台	198
6.14	「さっぽろ雪まつり」半世紀	200
6.15	頑張れ「Air Do 北海道国際航空」	202
6.16	23年振りに噴火した有珠山	204
6.17	無料の市営公園となったカナディアン・ワールド	206
6.18	旭川へ移転した「寒研」改め「北総研」と近くの名所	208

あとがき　211

第1章

人間・生活について

1.1 年齢と共に年月はどのくらい速く過ぎると感じる？

　人間は誰も年齢と共に年月の経つのが速く感じられるようである。私自身3回目の干支（えと）を迎えた時に「小学校の6年間、大学と大学院の計6年間、30歳を過ぎてからの6年間、各々10対3対1くらいにだんだん短く感じられる」と書いたことがある。果たしてこの傾向は一層加速して、あっというまに還暦ということになるのでは、という心配になり、この時間感覚を多少とも正確に表してみようと考えた。

　一般的な心理法則の一つに「感覚量の大きさは刺激の対数に比例する」というウェーバー・フェヒナーの法則がある。この法則を適用すると、時間 t（刺激）とそれをどのように感じるかを I（感覚量）とすると時間感覚 I は $\log t$ に比例する。表1.1の(2)欄には、(1)欄の各年齢に対する対数が示されている。ここで注意しなければならないのは、対数の性質上 $\log 0 = -\infty$ となり、時間感覚は0から始まるのではなく $-\infty$（マイナス無限大）から始まることである。よって単に(2)欄の値を比較して60歳までの時間感覚は6歳までのそれに比べて $1.778/0.778 = 2.285$ 倍であるなどとはいえない。それで、この値を解釈するためには、対数の差を取るとよいと考えた。(3)欄には6歳から12歳までに感じる時間間隔を1として、その後6年毎にその6年間がどの位の長さに感じられるかが示してある。この欄の値を10倍すると、私

表 1.1 年齢と時間感覚

(1) 年齢 n	(2) $\log n$	(3)* $\Delta \log n$	(4) $6/n$	(5)† $n/6$
6	0.778		1	1
12	1.079	1.000	1/2	2
18	1.255	0.585	1/3	3
24	1.380	0.415	1/4	4
30	1.477	0.322	1/5	5
36	1.556	0.263	1/6	6
42	1.623	0.222	1/7	7
48	1.681	0.193	1/8	8
54	1.732	0.170	1/9	9
60	1.778	0.152	1/10	10
66	1.820	0.137	1/11	11
72	1.857	0.126	1/12	12
78	1.892	0.116	1/13	13
84	1.924	0.107	1/14	14
90	1.954	0.099	1/15	15
		計 3.907		

* 小学校 6 年間 (6〜12 歳) の時間感覚を 1 としたとき、その後 6 年毎の時間感覚.

† 6 歳のとき年月が過ぎていく速さを 1 としたとき、その後どの位年月が速く過ぎていくかの感覚.

が 10 対 3 対 1 と感じた値に相当し、それらは 10 対 4.15 対 2.63 となり、私が以前に書いたよりもう少し時間はゆっくり過ぎていくはずとなり、ちょっと安心した次第である.

また (3) 欄の値を合計すると 3.907 となり、小学校の 6 年間の時間感覚を 1 とすると、6 歳から 90 歳までに感じる時間感覚はその 3.907 倍となることを示している. 同様にして、6 歳から 24 歳までの時間感覚は 2.0 で、6 歳から 90 歳までのほぼ半分となる. いい替えれば、6〜24 歳の 18 年間は 24〜90 歳の 66 年間と感覚的にはほぼ等しいことになる.

次に、時間がどの様に過ぎていくと感じるかを考えてみよう. これは感覚量 $\log t$ の微分すなわち $1/t$ となり、6 歳のときを 1 とした値が (4) 欄に示し

である。これより6歳のときに感じる1月 = 30日は、30歳ではその1/5の6日、60歳では1/10の3日程度にしか感じられないことになる。(4)欄の値の逆数は年月がだんだん速く過ぎる感覚を示すことになり、これは年齢に比例する。この場合も6歳のときの感覚を1として、年齢と共にどのように時間が速く過ぎていくと感じられるかを示したのが(5)欄である。

さて、皆さんは小学校の6年間を1として、その後の6年間ごとに感じた時間感覚を(3)欄の値と、6歳のときに感じた年月の速さを1として、その後どのように年月が速く過ぎていくかの感覚を(5)欄の値と比べてみて下さい。ウェバー・フェヒナーの法則は正しいと感じますか？(1988年4月)

1.2 車の速度制限違反と取締り

車を運転すると最も目に付く交通標識は、交通信号と速度制限表示である。交通信号を無視する車はあまりないが、速度制限に関しては、車の流れに従って運転すると自然に制限速度をオーバーすることが多く、ついつい速度制限違反ということも多いようである。ちなみに、毎年約1,500万人が免許の更新の手続きを行っており、この中の約半数は無事故・無違反の優良運転者で、残りの約半数は何らかの事故・違反をしていて、その中でも速度制限違反の割合は大きいようである。

速度制限違反の取り締まりは、以前はパトロールカーで追跡して車の速度を測定していたが、最近では電波を利用した機械によって速度を測定している。この機械は、高校の物理で習う、いわゆるドップラー効果を利用したものである。ドップラー効果とは、例えば近づいてくる列車の警笛は高く聞こえ、遠のいていく場合は低く聞こえるという現象である。すなわち、振動数 f の音源が静止している観測者に速さ v で近づくとき、聞こえる振動数 f' は音速を c とすると、次式となる。

$$f' = \frac{c}{c-v} f \tag{1.1}$$

例えば、$c = 340$m/s（音速）、$v = 17$m/s（時速約60km）とすると $f' = 1.05f$ となり、半音くらい高く聞こえることになる。耳の良い絶対音を持っている人であれば、車から出されている音を知っているならば、それがどのくらい高く聞こえるかによって、その車の速度をある程度推測できるであろう。

実際の機械では、音ではなく振動数 f の電波を発射し、それが反射し戻ってくる振動数 f' を測定し、更に (1.1) 式を用いて車の速度 v を瞬時に計算している。（これは、数年前からテレビの野球中継の際に画面に写し出される球速を測定するスピードガンと原理は全く同一である。）このときに発射する電波の振動数が定まっているため、その発射された電波をキャッチしてそれを知らせる装置（レーダー）も販売されている。その価格は最近のテクノロジーの進歩によって、数万円程度、中には 1 万円以下のものもある。（電波を使用しない速度測定法もあり、これに対してはレーダーが全く役に立たない。）

さて、日本ではこのように速度を測定するのに電波を使用し、また速度取り締まりを行っているかどうかを感知するレーダーも売り出されている。レーダーを取り付けることは違法ではないかという気もしないではないが、新聞などでも問題となっていないので多分違法ではないのであろう。しかし、外国では全く状況が異なり、米国では電波を用いて速度制限の違反を取り締まることが違法である。その隣国のカナダではこれが全く逆でレーダーを車に取り付けることが違法である。（なお、米国・カナダとも州ごとに法律が異なるため、全州でこのようであるとは限らない。）

このように、同じ事柄であっても取り扱いが国によって全く異なるのはどうしてであろうか？　文化的・歴史的背景の違いによるのであろうか？

米国は、西部劇の「真昼の決闘」ではないが、全て正々堂々とおこなうべきで、まして警察が木陰に隠れて速度違反の取り締まりを行うようなことはせず、パトロールカーで堂々と追いかけ取り締まるべきとの国。カナダは、カトリック教徒の多い戒律の厳しい、ある面では保守的な、また特に米国に対するカナダの独自性 (Canadian Identity) を主張する国。日本は、まあお互いさま、どちらでもいいではないかといいながら、取り締まる機械もそれを感知する装置も発達する国、という気がしないでもない。

最後に一言、レーダーを取り付けている車が増えたようなので、速度オーバーによって交通事故が頻発しているような箇所では、常に取り締まりを行っているのと同じ電波を出しておくなら、レーダーを取り付けている車がそれを感知して速度を落とし、それによってまわりの車も速度を落とさざるを得なくなり、車の流れ全体が遅くなるであろう。その結果、自然に事故が減少するという効果があるのではないかと思うが、いかがであろう。(1988 年 6 月）

1.3 肥満、喫煙、飲酒と健康

「欧米では、肥満の人と喫煙する人は管理者になれない。それは、自分自身をコントロールできない人がどうして他人を管理できようか、という理由による」ということを冗談まじりに聞いたのは十数年前のことのような気がする。

日本では、たばこ公害追放運動の先駆けとして活動してきた「嫌煙権確立をめざす人びとの会」が誕生したのは 1978 年 2 月で 1988 年 4 月にはその 10 周年記念集会が開催されている。「嫌煙権」とは、たばこの煙を嫌う権利というくらいの意味であろう。英語では、(1) non-smoker's right「非喫煙者の権利」、(2) right to refuse exposure to tabaco smoke「たばこの煙に曝されることを拒む権利」、(3) right to avoid passive smoking「受動的な喫煙を避ける権利」などといわれている。意味の上では (1) の表現が「嫌煙権」に最も近いようであるが、「嫌煙権」の持っている内容を具体的に表現しているのは (2), (3) であろう。

さて、喫煙を何十年も続けていても、また一日に 60 本以上のヘビースモーカーであっても健康な人もいるのは事実であり、たばこの害について当初は深刻には考えられていなかった。しかし、「ニコチン、タール量をパッケージに表示する」という 1971 年の答申に対し、国会で審議した結果「健康のため吸いすぎに注意しましょう」という注意書きが表示されることになった。その後、喫煙を規制する動きはますます盛んになり、禁煙車両の出現、地下鉄の全面禁煙、JR・私鉄ともに禁煙車両がさらに増え、全席禁煙の航空便も始まっている。ちなみに 1988 年 4 月 7 日は世界保健機構 (WHO) が提唱する「第 1 回世界禁煙デー」であった。

このような動きの中で、小・中学生の喫煙が増えているという報告もあり、これをなくするには、たばこの自動販売機の規制が不可欠との意見もある。また、経済摩擦を解消しようとするせいか外国たばこの輸入が増え、たばこのテレビによる宣伝は国産のものと共に頻繁に行われている。たばこのコマーシャルをこのように野放しにしているのは日本とブラジルくらいとのことである。

一方、嫌煙権運動に対する反対の動きもあり、例えば米国では、禁煙のコ

マーシャルを作った広告代理店がたばこメーカーから広告契約を打ち切られたりしている。日本でも、「喫煙規制問題を考える会」は日航の全席禁煙に対し「旅の楽しみを一方的に奪う日航の独断は許せない」と反対の申し入れを行っている。また、たばこの売れ行きが伸び悩む中で、大蔵省は「喫煙と健康」について取り組むことになった。これは、厚生省や嫌煙権運動への巻き返しの気持ちも含まれているようである。

さて、たばこを止めない理由として「たばこを止めると太る」というのがある。厚生省の調査によると、禁煙すると一時的に太る例は確かにあるといいつつも、肥満との相関は少なく、むしろたばこの本数が増えるにつれて肥満者の割合も多くなるという結果がでている。

たばこを吸う他の理由として、たばこを吸うと心が落ち着くという人もいる。これも立証するのは難しいが、電車を降りたとたんにたばこに火を点けあわただしく吸っている人を見ると、落ち着くなどという表現とは全く逆の感じがしてならない。

最後に、東京都老人総合研究所の10年間の調査結果によると、「やせの長生き」は嘘で、肥満「高」・「中」・「低」で、死亡率の低いのは肥満「中」の人たちである。また、健康で長生きするのは「適度の酒を飲み続ける人や、牛乳をよく飲み頻繁に外出する人」である。たばこについては、死亡率で2倍という有害性がはっきり出た結果となっている。私自身は、禁煙をして十数年になり、たばこを吸うことなしに、ただし適度を超えると私自身以外は考えるであろう量のアルコールを飲みながらこの文章を書いている。皆さんはどう感じ・考え・そして行動しますか？（1988年8月）

1.4 拡散現象と人口集中

本の名も、著者名も全く忘れてしまったが、その本*の中のごく一部を鮮明に覚えていて、今までに何度も思い出してきたことについて紹介したい。

水のような液体に、何か色のついた物質が溶けており、しかし濃度は一様ではなく、たとえば図1.1のようになっていたとする。この溶液を放置して

---

* この原稿を書くにあたって、たぶん岩波新書というだけの記憶をもとに、書店でようやく見つけることができた。書名は「生命とは何か − 物理的にみた生細胞−」、E. シュレーディンガー著で、20年以上前の学生時代に読んだものであることが分かった。

1.4 拡散現象と人口集中

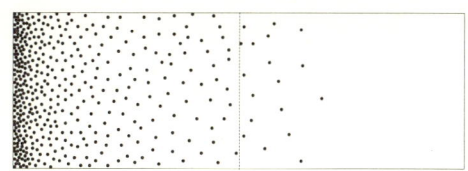

図 1.1　液体中の分子の拡散

おくと「拡散」という現象が始まり、色のついた物質は左から右へ向かって拡っていく。そしてついに水全体にわたって一様に分布することになる。

このような、単純でちょっと見たところ特に面白くもない現象についても注目すべき点がある。

色のついた物質の分子を混雑している所から、より空いている場所へ、何か押しやる力あるいは傾向によってこのような現象が起こるのではないか、と考える人も多いであろう。しかし、決してそうではないのである。

色のついた物質の分子は、各々が他のすべての分子と全く無関係に独立に行動し、分子の各々は混みあっていようと、空いていようと、同じように水分子の衝突により絶えずこずきまわされ、あらかじめ予定することのできない方向へだんだんと移動していくのである。このような分子の動きはすべての分子に共通であり、しかもなお、濃度の低い方へ向かって規則正しい流れを生じ、結局は一様な分布に向かって進んでいく。

これは、ちょっと見たところ理解にとまどうが、すぐに理解することができる。ある一つの分子はでたらめな運動により、等しい確率で右に行ったり左に行ったりするが、図 1.1 の点線の左と右にある分子の動きを考えると、左から右に移る分子の方が、右から左に移る分子より多いことになる。なぜなら、でたらめな運動をしている分子の数は濃度の高い左の方に多くあるからである。差引勘定すると、左から右に向かって分子の規則正しい流れがあることになり、次第に分布が一様になっていくのである。

以上の説明はいろいろな事について考えさせられる。ある傾向があるからといって、その理由はこうであるなどと簡単にはいえないことは、その最も大切な点であろう。

以前から世界的にも問題になっている都市への人口集中は、人間一人一人

が同じ確率で移動しているならば人口は全国一様になるはずで、そうではないということは「何らかの力」が人を都市へ引き付けていることになる。拡散の現象は偏微分方程式で表されるので、その式を解くことにより、この「何らかの力」を定量化することができるのではなかろうか。(もし、すでに導かれているならばご教示下さい。) また、最近よく地方の活性化などと叫ばれているが、地方が必ずしも都会より魅力的になる必要はなく、同じ程度であれば、人口が一様になっていくのであるから、地方としてはこの点に留意し、活性化なり魅力を持つことを考えてもよいと思われるが、いかがであろう。(1988 年 12 月)

1.5 対数と人間の感覚

「指数関数の逆関数として対数関数が与えられる」などと不粋なことが書いてあったのは確か高校時代の教科書であったような気がする。

対数をこのように表現しても少しも興味が起こらないのは私だけではないであろう。それより「人間の感覚は対数的である、いや人間の感覚を表すと対数というものが導かれる」と考えた方がよほど対数に対して親しみが感じられるであろう。

1.1 節でちょっと触れたウェーバー・フェヒナーの法則を再度紹介したい*。ある刺激に対する人間の感覚(例えば手で感じる物の重さ)を正確に表すことは非常に難しい。また少しくらい刺激が変化しても(重さが少し増加しても)感覚は変わらない。しかし刺激の変化がかなり大きくなると(重さがかなり大きくなると)感覚としてその違いが分かることになる。もとの刺激 R に対してこの刺激の変化 ΔR は一定である。すなわち、

$$\frac{\Delta R}{R} = C \ (一定) \tag{1.2}$$

であることを示したのはウェーバーである。(1.2) 式をウェーバーの法則、この一定の値 C をウェーバー比、または弁別閾と呼んでいる。(1.2) 式を積分すると、

$$S = K \log R \tag{1.3}$$

---

* 谷田部達郎、「心理学初歩」、培風館

1.5 対数と人間の感覚

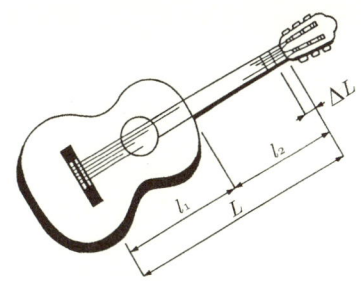

図 1.2 ギターの弦の長さとフレットの間隔

(1.3) 式は「感覚 S は刺激 R の対数に比例する」ことを示している。あるいは「刺激が幾何級数的に増加すれば、感覚は算術級数的に増加する」ことになる。この対数で表された式を示したのがフェヒナーで、一般には (1.2), (1.3) 式を合わせてウェバー・フェヒナーの法則と呼んでいる。

(1.3) 式に従って感覚を表示しているものはいろいろあるが、例えば地震動の大きさを示す震度階（震度 I の微震、震度 II の軽震・・・、震度 VI の烈震・・・）は震度（感覚）が I 増える毎に加速度（刺激）がほぼ 3 倍づつ増えている[†]。

(1.3) 式にもっと正確に従っているのは音程であろう。音程（感覚）は 1 オクターブ上がるごとに振動数（刺激）は 2 倍づつ増えている。また、1 オクターブは 12 の半音に（感覚的に）等分割されるが、半音高いとは振動数（刺激）が幾何級数的に 2 の 1/12 乗大きくなっている。

これを視覚的に確かめてみよう。ギターの弦の長さを半分にすると振動数が倍になり、1 オクターブ高い音となる。すなわち、図 1.2 において $l_1 = l_2 = L/2$ となる。実際の計測値は $l_1 = 325$ mm、$l_2 = 324$ mm でこの 1mm の違いは、弦を押さえることにより、弦の張力が大きくなることを補正したためと思われる。半音高くなるごとに弦の長さは $2^{1/12}$ の逆数となるように短くなっていくので、フレットの間隔は弦の長さの $(1 - 1/2^{1/12})$ = 0.056 倍となる。図 1.2 のギターの計測によると $\Delta L = 36$mm で計算値は

[†] 震度表示はその後 3.8 節に示すように若干改正されている。

$(325 + 324) \times 0.056 = 36.3$ mm となり両者の値はほぼ一致している。

最後に、味覚のウェバー比は $1/3 \sim 1/5$ とのことなので、コーヒーに砂糖を入れ、ちょっと足りないなあと感じたときは、それまでに入れた砂糖の $1/5$ は入れないと味が変わった（甘くなった）と感じないことになる。味覚に敏感な人はとてもこの値に納得できないのではないかと思うが、さて皆さんの味のウェバー比はこれより小さい（敏感）と思っていますか？（1989 年 4 月）

1.6 「たばこ・喫煙・禁煙・嫌煙」

中国からの留学生に、日本に来て一番驚いたことを聞いてみた。答えは、「まず成田空港で女性の喫煙者が多いことに驚き、千歳空港でも驚き、札幌に来てさらに女性喫煙者の多さに驚いた」とのことである。日本では女性の喫煙率が約 15%、北海道では女性の喫煙率が特に高く約 25% なので、千歳空港では（北海道の女性も本州の女性もいるので）その中間の 20% くらいであったであろうと推測し、彼が感じたことに納得している。

さて、北米では嫌煙運動が年々盛んになっているようで、喫煙率は次第に低下している。これに対し、米国のたばこ産業は、貿易の自由化のスローガンの下に、海外市場の開放を迫り、市場を海外に求めている。日本でも、コマーシャルを熱心に行い、価格も国産のものとほぼ同額となり、次第にシェアが拡大しているようである。

ここで、こんな話を思い出した。アフリカに靴の販売に行った A セールスマンは「全く見込みなし、誰も靴を履いていない」と悲観的、一方 B セールスマンは「大いに見込みあり、まだ誰も靴を履いていない」と楽観的にいってきた、という話である。この話は、同じことに対しても、異なる見方があること、悲観的にならず楽観的に物事を考えようという教訓であろうが、米国のたばこ業界は B セールスマンのようである。喫煙率がまだ高くない地域で、しかも喫煙率のまだ低い女性と未成年者をターゲットにしているのではないかと心配している。（もっとも、テレビのコマーシャルは深夜しか行っていないし、女性や未成年者が喫煙している場面を放映していないと、たばこ業界は反論するであろうが・・・。）

もちろん、米国内でもたばこを輸出することに対して反対の意見もある。しかし、「たばこを輸出しているので、喫煙という悪習慣を輸出しているので

図 1.3 温泉の禁煙の掲示

はない」、「たばこ産業は米国内で多数の人々に雇用の機会を与えている」などと、こじつけとしか考えられないような理由で業界は反論しているらしい。この対応は、米国の銃規制に対する反論「悪いのは銃ではなく、引き金を引く人間である」と酷似している。もっともらしく聞こえるかも知れないが、使用しないものをなぜ作る必要があろう。武器がなければ、それを使用することはできないのは明白である。世界のリーダーであるべき米国がこのような考え方である。われわれ自身がたばこ産業・銃産業の餌食（えじき）とならないように努力しなければならないのであろう。

　喫煙に関しては、悪いと思っても止められないのが実状。米国では、たばこを麻薬と同じように習慣性薬物と指定し規制の強化を図り、クリントン大統領自身は、夫人と娘の圧力に屈して、大好きな葉巻を止めたそうであるが、油断は禁物である。数年経っても吸いたくなる（医学用語では禁断症状と大げさにいうらしい）ことがあるし、禁煙後 10 年以上経ってたばこを吸ってしまった夢を見て、喫煙がまだ忘れられない自分に驚いた経験をした、禁煙 20 年の私である。

　最後に図 1.3 を見てほしい。誰が、温泉の大浴場や露天風呂でたばこを吸うであろう。不必要な掲示と思う人も多いであろう。しかし、露天風呂で喫煙していた人（女性）がいたので彼女に注意したら、「どこに禁煙と書いてあるの？」とうそぶいたそうで、その結果この掲示となった次第である。喫煙者は、せめてエチケットは守ってほしい、いや守るべきで、守らない人は罰則

で取り締まるべき、と喫煙マナーを守る条例の早期制定を願っている。（1996年10月）

1.7 日本の住所・外国の住所

外国に行って日本との相違を色々感じるが、その一つが住所表示である。外国では通り名と番地が分かれば容易に目的の家や建物に行くことができる。一方、日本では住所を知っていても日本人でさえそこにたどり着くのは容易ではない。知人宅を初めて訪れる場合に、あらかじめどこで曲がってどのように行くかを詳しく電話で聞いたり、その近くまで行って電話をかけたり、古くからありそうな店屋さんで尋ねたりしてようやくたどり着いた経験は誰にもあるだろう。

外国では、全ての通りに名前が付いていて、番地は例えば通りの右側が偶数であると左側は奇数となっている。更に、番地は順序よく並んでいるので、目的の番号に近づく方向へ進んで行くと自然に目的の建物が見つかる。通り名は街路のコーナー毎に大きな文字で表示されており、番地も建物毎に大きな文字で表示されている。このため、外国ではプライバシー保護の目的もあり、表札は全くない。それでも、通り名と番地を知っているならば、タクシーで行くのはもちろん、歩いても自分で車を運転しても容易に目的地へ行くことができる。

さて、最初に都市計画があり、それに基づいてできあがった札幌市中心部の住所は、直交座標のグラフのようで、例えば図 1.4 左上の斜線の区画は「北3条西2丁目」のように表示するので、どの位置かは即座に分かる。なお、南北に分ける x 軸に相当するのが大通り、東西に分ける y 軸に相当するのが創成川である。しかし、その区画が分かっても番地が分かり難く、その1区画をぐるっと回って目的の建物を捜すこともあり、1辺およそ 100m なので最悪の場合 400m も歩くことになる。更に、1区画の中に縦・横に中通りがある場合もあり（図 1.4 左下の点線）、同じ区画内で建物を捜しながら数百 m 歩くのも珍しいことではない。道路の配置が規則的ではない市町村では、住所のみでその建物を捜すのは更に難しい。

米国の首都ワシントン D.C. には、札幌と似ていて区画の大きさは異なるが東西南北に碁盤の目のように通りがある。しかし、住所は区画で表示する

1.7 日本の住所・外国の住所

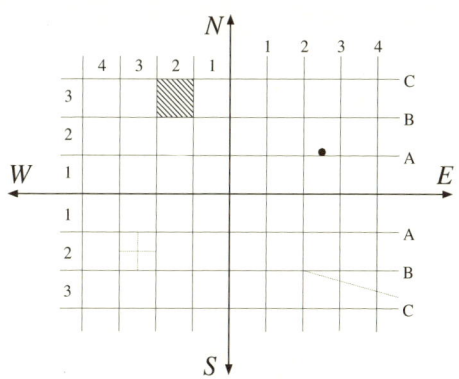

図 1.4 住所表示の模式図
(左半分は札幌、右半分はワシントン D.C.)

のではなく通り名と番地で示している。東西南北の中心にあるのが国会議事堂である。そこから南側でも北側でも図 1.4 右半分のように東西の通りは A, B, C・・・、東側でも西側でも南北の通りは 1, 2, 3・・・となっていて、例えば図 1.4 の黒丸は北東 A 通り○○番地と表示する。なお、ワシントン D.C. では通りはストリートで、図 1.4 右下の破線のような斜めの通りはアベニューと呼ばれる。x, y 軸に相当する通りは国会議事堂北通りのように呼ばれる。(他の都市ではこのように簡単ではないので、通り名を地図裏面の索引で捜し、その位置を調べる必要があるが、それが分かれば後は簡単である。)

外国の住所表示の方がその場所を示すのに明らかに分かり易いのに、なぜ日本では習わないのであろう。単なる習慣の違いなのであろうかと考えてみたことがある。そして、日本の表示の方が便利な場合があることに気が付いた。それは、ある面積を有する土地や田畑を表すように住所表示をすると、税金を取るときに好都合なことである。封建時代から税金を取るために便利な住所表示方法が現在でも続いているに違いないと思っている。(2001 年 8 月)

1.8 「十勝型事故」改め「田園型事故」は陸にも空にも

　農村地帯の平坦で見通しのよい交差点で、自動車の出合い頭の衝突事故がしばしば起こる。交通信号や一時停止標識がない場合のみではなく、あっても見落とすために起こる事故で、北海道十勝地方でこの事故が多いため「十勝型事故」と呼ばれていた。この事故の特徴は、お互いに相手の車を認識していたはずなのに、両方ともスピードを落とさずに衝突に至るという点にある。このため大事故となる場合が多い。この事故はどちらかの車が速度を変えたり、一時停止をすると防げるはずなので、運転者の不注意が最大の原因に違いないが、単に不注意とはいえないようである。「十勝型事故」が人間の錯覚によって引き起こされるメカニズムが徐々に解明されつつある。

　例えば、図1.5左のように交差点に向かって同じ距離から同じスピードで下から上に走行している車Ａと 左から右へ走行しているＢの2台の車を考えてみる。見通しがよいのでお互いに相手の車は前方45度の方向に見え、いつまでたっても同じ方向に見えるので、相手の車が停止していると錯覚するらしい。視界周辺の動いていないものに対しては認知がし難く、運転中は前方に注意を集中しているため視界周辺に入っていても相手の車にあまり注意を払わない。このため、スピードを全く落とさず走行し、相手の車に気が付いたときは既に遅くＣで衝突ということになる。同じスピードでなくとも、例えば図1.5右のように交差点からの距離が2：3でスピードが2：3の場合でも、道路が直角に交わっていなくても同じようなことが起こるであろうことは容易に想像がつく。このため、見通しのよいことが事故の原因と考え、わざと交差点の見通しを悪くする実験も行われているようだが、見通しの悪さによって生じる事故もあり、この結論はまだ出ていない。

　「十勝型事故」は陸上のみではなく、空中でも生じるようで、同じ地点に向かっている飛行機の衝突原因の一つともなっている。2001年5月に三重県で生じたヘリコプターと小型飛行機の衝突事故の原因がこれらしく、これをコリジョン（衝突）コースと航空機事故ではいっている。

　さて、北海道警察では「十勝型事故」という表現を改め「田園型事故」と

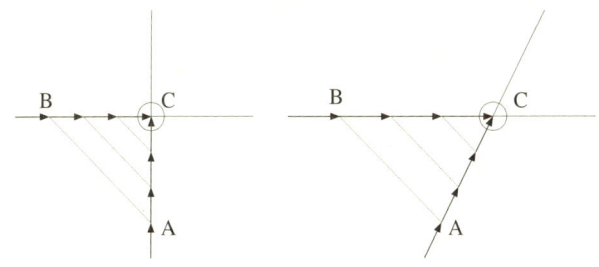

図 1.5 「十勝型事故」改め「田園型事故」のメカニズム

呼ぶことにした。この理由には「十勝型事故」がなくなったのではなく、逆に他でも起こっているため表現が適切ではなく、また十勝の人々に対して失礼であるとの判断があったに違いない。

　北海道各地の交通事故は、他の都府県や道内の他の市町村から来た人々が起こしている場合が多い。他に車が全くなく、広い見通しのよい道路を気持ちよく好きな速度でドライブするのは爽快そのものであろうが、安心は禁物である。くれぐれも、安全第一を心がけて欲しい。北海道の交通事故による死者は毎年 500 名を超え、20 世紀最後の 9 年間は都道府県別で連続全国ワースト第 1 位 (2,3 位を競っているのが愛知県と千葉県) で、残念ながら 21 世紀も当分はこの記録を続けそうである。

　(なお、「田園型事故」がしばしば起こるといっても死亡事故全体の原因としてはごく一部で、もちろん最大の原因はスピードの出し過ぎである。) (2001 年 10 月)

1.9　吸い殻と地雷、始末するのは誰？

　路上に捨てられているたばこの吸い殻が気になるのは私だけではないだろう。特に、北海道では雪解けと共に冬期間に捨てられた吸い殻やゴミが雪の下から一斉に現れてくるので、春になる度に吸い殻とゴミについて考えさせられる。

　捨てる人がいなければ問題ないので、個人の責任と考えることもできる。しかし、個人の良識に訴えても一向に解決される気配がない。事実、外でた

ばこを吸っている人が携帯用の灰皿を持ち歩き、それに吸い殻を捨てている場面に遭遇することはほとんどない。このような状況を考えると、製造者がまとめて責任を取る以外に解決策はない。そして早速、次のようなことを実行して欲しいと思っている。

(1) 路上に捨てられている吸い殻を即座に掃除する。

(2) 喫煙コーナーの空気清浄機の設置費を負担し、その設置場所に対して使用料を支払う。(空港や駅の一角に、たばこのための空気清浄機を無料で設置させているのは納得できない。まして、その装置を税金で購入するのは問題外である。)

(3) たばこによる火災の被害額を支払う。火災の原因が明確でない場合は、確率的に考え、その割合を負担する。

(4) たばこによる他人への火傷や衣服の損傷に対する費用を負担する。(時には、たばこの火でいたずらをする輩もいるらしいが、犯人が特定できなくとも、被害によって発生した費用・慰謝料を負担する。)

(5) ホテルの部屋などで床や洗面台に、たばこによると思われる焦げ跡がよく見られるが、これを補修する。

(6) 建物の天井や壁紙などの内装材はたばこの煙によって速く汚れかつ劣化し、窓ガラスも汚れやすい。よって、内装材を新しくする費用や清掃費を(原因の割合に応じて)負担する。

(7) たばこによって肺ガンが生じたと考えられる割合で医療費を負担し、肺ガンとなった非喫煙者に対して慰謝料を支払う。

(8) 今でも会議室に灰皿を用意している場合がある。灰皿やそれを掃除する経費を支払う。

さて、最近の税収の減少に伴い、たばこ税の見直しも論議されている。政府の経済政策の失敗を単にたばこ税で補うのは喫煙者でなくても納得できない。喫煙者は、以上のような問題を解決するのに十分見合うたばこ税を支払っていると思っているのかも知れないので、たばこ税の引き上げの前に、このような問題について考え、対処してから適正な税率を考えるべきと思っている。

たばこについて考えているうちに、製品の種類にかかわらず製造者は単にものを作り販売するのではなく、その製品が及ぼす影響にも責任を持つべきであると考えるようになってきた。ペイントによる落書きも(ペイントの製

造者が製品価格に上乗せすることになろうが)、その清掃・除去費用を負担すべきである。ペットボトルやドリンクの缶や瓶も同様である。

　このようなことを考えているうちに、究極の製品としての武器があることに気が付いた。武器による被害の補償を製造者が負担するという国際法を制定するのはいかがであろう。核兵器のような大型なものばかりでなく小型のものも当然含まれる。銃による殺人事件も増加しており、銃を用いた個人は厳しく罰せられるべきあるが、その犯罪で生じた経済的損失(器物の破損や被害者への治療費・慰謝料)などは製造者が負担する。

　特に、地雷については1個の値段は安価でも、それを取り除くのに莫大な費用・人手・時間がかかり、誤って手足を失ったり、一命も失う場合もある。当事者でない人が費用・時間・危険を負担するのは納得できない。武器を使用したり製造した当事者が当然その責任を取るべきと思っている。なお、製品から発生する全ての影響を前もって予測できない場合は、影響が分かった時から責任を取るために製品価格を調整すればよいと考えるがいかがであろう。(2003年4月)

1.10　廃止しよう「横断歩道」と「歩道橋」

　道路を歩くとすぐに赤信号で待たされ、急いでいる時は特にいらいらする。札幌市内では、一丁(約110m)毎に車道を横断するため待たされる。駅前通りでは、急いでも、ゆっくり歩いても、必ず次の信号は赤となる。信号の赤・青の時間と次の信号との時間差をどのように設定すると、このような意地の悪い設定となるのであろうと考えたこともある。

　信号待ちをなくし、車をスムーズに通行させるために、歩道橋(図1.6)があるが、歩道橋を利用する際には「なぜ車のため、人が苦労して階段を上り下りさせられるのであろう」と考えてしまう。

　小さな集落は幹線道路が直線的に横切り、車が猛スピードで通行できることが優先されている。そして、幹線道路を横切る横断歩道はほんの所々にしかない。更に、人が横断するときには信号機のボタンを押して、数分後に車に対する青信号が点滅し始め、黄色に変わり、それから横断信号が青になり、ようやく横断できるのである。もちろん、1分もしないうちに横断歩道の信号は車優先のため自動的に赤に戻ってしまう。

図 1.6　渡る気にならない歩道橋（歩道橋は車優先の象徴）

図 1.7　歩車分離式信号機の交差点（実は、斜め横断は違法）

　最近は、交差点を斜めに横切ることができるスクランブル交差点が少しずつ増えており、歩行者に対しての思いやりも多少は見られる。ただし、歩行者用の信号が全て青になる「歩車分離式」交差点（図 1.7）では、斜め横断する人も多く、警察は黙認しているが道路交通法上は違法である。
　さて、通勤で札幌駅を降りてから信号待ちを数回繰り返し、北海道大学の美しい構内に入ると、気持ちが和らぎ、歩いているのが楽しくなる。2004 年

1.10 廃止しよう「横断歩道」と「歩道橋」

図 1.8 北大構内に復元された小川（昔、鮭が産卵のため上った）

5月からは以前の小川を復元し（図 1.8）、それに沿って遊歩道が整備されたので、ここを歩くのは本当に快適である。もっとも、構内には歩道と車道が区別されていない道も多く、交通事故には十分注意する必要がある。そして折角、美しいキャンパスで散策を楽しんでいるのに、車に邪魔されると、「なぜ歩行者が優先されないのか」、「何とか車を制限して欲しい」と考えることになる。何度もこのような経験をした結果、構内に限らず全ての道路に、次の提案をすべきと考えるようになった。

(1) 横断歩道ではなく横断車道を設ける。

道路は全て歩道で、その一部が車道であると考える。すなわち、今と全く同じであっても、車道を歩行者が横断するのではなく、歩道を車が横断するという発想に立てば、車の速度も自然に低下し交通事故も少なくなるであろう。結果として「横断歩道」はなくなり、代わりに車が歩道を横切る部分を「横断車道」と呼ぶことになる。交差点全体も歩道の一部と考えると、特にスクランブル交差点という必要もなくなり、（信号機を設定し直す必要があるが）全ての交差点で歩行者は斜め横断ができるようになる。

(2) 歩道橋を廃止する。

車のため、どうして人間が階段を苦労して上り下りする必要があるのであろう。車をスムーズに通過させるためならば、人に対してではなく車に対し

て橋や地下道を造るべきである。(もちろん、この費用は車を造る人・使う人が負担し、歩行者が負担する必要はない。)

　私自身、車を運転しその便利さを常々感じているが、それでも歩行者となると、このようなことを考えてしまう。車を日常的に使わない人は、これ以上のことを考えているに違いない。さて、以上の2つの提案に対する皆さんのご意見はいかがですか。(2004年8月)

1.11　カーナビでドライブを楽しく！

　2004年春からカーナビを利用している。購入の際に販売店の人から「カーナビに気を取られ、事故を引き起こすことがないように」と注意された。事実、最初はいつもの道がどのように表示されるかなどカーナビの画面に気を取られたこともあったが、慣れるにつれて本当に便利で楽しいものと感じるようになった。

　カーナビは正確には「カー・ナビゲーション・システム」(Car Navigation System)である。人工衛星からの電波をキャッチし、車の位置と方向を正確に認識し、地図に示し、目的地までのルートを丁寧に示してくれる。

　車にかかわらず人工衛星を利用し地球上の位置を正確に識別するシステムはGPS(ジー・ピー・エス：Global Positioning System)「全地球測位システム」と呼ばれる。この人工衛星はカーナビのために打ち上げられたのではなく、またGPS自体も、ミサイルの誘導など軍事目的のために米国で開発されたものであるが、今では民間に一部開放されている。GPSの測位精度はかなり高く、誤差はせいぜい数メートルである。1991年の湾岸戦争では、テレビカメラ搭載の無人誘導ミサイルが狙った建物を正確に爆破したテレビのニュースを思い出す人も多いであろうが、その頃からGPSを利用したカーナビが開発された。

　車のエンジンを始動させ、カーナビのボタンを押し、目的地を設定すると数秒後には、どの道を通って行くべきかが表示される。音声(発音が明瞭なためであろうが、女性の声)でも案内が始まる。その通りに運転すると、「300メートル先、右に曲がります」、「目的地に着きました」などと丁寧に教えてくれる。道順はいくつもあるので、あらかじめどのルートかを選定すること

1.11 カーナビでドライブを楽しく！

図 1.9　カーナビはドライブを楽しくし、夫婦喧嘩も少なくなる！

もでき、有料道路の料金も表示してくれる。案内通りではなく他の方向に進むと自動的にルート変更を行い、案内を継続してくれる。ルート変更を何回行っても、いやなそぶりを見せずに案内を継続してくれる点が、同乗者にナビゲーターを依頼し、地図を見てもらいながら、進む方向を教えてもらう場合との最大の相違である。

　同乗者がいても地図を正確に読めず、誤った指示で道を間違えることも珍しくない。何度も道を間違えると、運転する人も同乗者もお互いに気まずくなったり、家族の場合は口論にもなる。それでも運転しながら地図を見るのは危険なので、結局は同乗者がいる場合は頼むことになる。

　ナビゲーターとなった同乗者は大変である。居眠りすることもできず、地図と道路標識を交互に見ながら、時には眼鏡を掛けたりはずしたりし、「後何キロ先で右折」などということを正確に運転する人に教えなければならない。高速道路では道を間違えると戻ることができず、時間もお金もロスしてしまうことになる。夫婦で運転手とナビゲーターの役割を分担したが、結局は夫婦喧嘩になった話を聞いたことがあるが、さもありなんと誰しも思うであろう。

　外国の住所表示は、通りの名称と番地が分かれば日本国内より簡単に目的地に行くことができるといわれる。しかし、一寸見ただけでは道路標識や地

名を確認できず、高速道路の分岐点で誤った車線に入ったり、インターチェンジの出口を通り過ぎることも珍しくない。外国語で見知らぬ地名をアルファベットで一文字一文字読んでいくのはかなり大変で、夜間は暗さで一層読み難くなる。英語でない場合は更に困難で、カナダのケベック州ではフランス語のみの道路標識のため、北と南はアルファベットの頭文字から推測できたが、西と東が分からなかったことを思い出す。

カーナビには、各種情報サービス、CD、DVD、テレビなど多数の機能を持っているものが多い。しかし、以上のようなことを考えると、カーナビの最もよい点は、誤った道に入ったのではという心配をすることなく運転できることであろう。更に、同乗者がいる場合は、車内での会話もゆったりと楽しめ、ドライブが楽しくなるに違いない。(2004 年 10 月)

1.12 サマータイム導入よりは？

2004 年 7 月に北海道内の企業・団体 211 機関、約 6,000 名が時刻を 1 時間早めるという、いわゆるサマータイムを試行した。サマータイムは欧米では定着しており、先進国で導入していないのは日本を含むほんのわずかである。日本でも GHQ (連合国軍総司令部) の指示で 1948 年から取り入れたが、4 年間で廃止されたという経緯がある。

近年、サマータイム導入の動きが度々あり、国会では議員立法で実現を目指したが、途中で頓挫 (とんざ) したとのことである。サマータイムを導入し、日の出の早い夏期には早めに仕事を始め、早めに終わるようにすると、その後のまだ陽が高い時間をレジャーなどに有効に使うことができる。この結果、経済効果が高まり、景気がよくなるというのがサマータイム導入の最大の理由である。

夏期に時刻を 1 時間早めると北海道のみでも 650 億円、2 時間早めると 1,100 億円の経済効果があると札幌商工会議所は試算している。全国で 1 時間のサマータイムを半年行うと 9,700 億円の経済効果との試算もある。この他に、夕方の交通のピーク時が明るい時刻になるので交通事故が 1% 減少、日没前に帰宅することにより女性のひったくり被害が 5% 減少との試算もある。北海道でサマータイムを試行した人に対する事後アンケートによると、北海道のみでも導入に賛成が 33%、全国一律なら賛成が 36% と計 69% の人

1.12 サマータイム導入よりは？

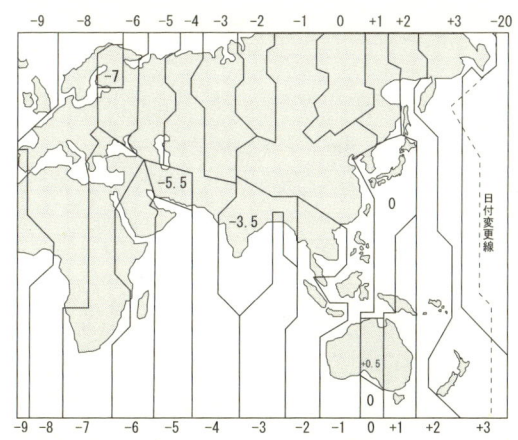

図 1.10　日本から見た近隣諸国の標準時

が賛成しており、反対の 22% を大きく上回っている。

　サマータイム導入に反対の理由として、時計その他の時刻表示を年 2 回変更する必要があり、そのために種々の手間と費用がかかることが挙げられる。変更しなければならないのは、交通機関・ラジオ・テレビ・コンピュータ・携帯電話・ビデオデッキ・個人の時計など公共的なものから個人的なのものまで数多くある。サマータイムが習慣になっている欧米では問題が少ないのであろうが、日本で導入するには、一度失敗してしまった経緯もあり、実際に時刻を変更することは難しいようである。

　以上のようなことから、北海道で行った試行を次のように全国へと拡大させるのが最も現実的であろう。

(1) 4 月から半年、学校・役所・金融機関・民間会社などの始業時間と終業時間を 1 時間早める。

　しかし、列車の時刻表などは、これに伴い年 2 度変更する必要がある。サラリーマンには単に夏期の残業が増えることになる可能性もある。動物を扱っている仕事の場合には、動物にはサマータイムが分からないので、サマータイムと関係なく作業を行う必要があるなど色々な問題がある。

　こんなことを考えているうちに、日本は欧米の多くの国々より緯度が比較

的低いことに気が付いた。すなわち、夏期に日の出が早くなるといっても欧米の多くの国ほど早くはならない。そこで、サマータイムより、年間を通して早寝・早起きを推奨する次の案である。

(2) 年間を通して始業時間と終業時間を 1 時間早める。

　この場合、時計の時刻を変更する必要がない。冬期には、まだ暗いうちに出勤ということになるが、帰宅は 1 時間早くなる。時刻表などの変更は導入時の 1 度のみでよい。しかし、習慣的に退社は 5 時以降になり、サラリーマンには単に毎日残業が増えることになる可能性もある。

　更に考えているうちに、経度がほぼ同じロシアのハバロフスクでは日本より標準時が 1 時間早いし、サハリンでは 2 時間も早いのである。また、メルボルンやシドニーの位置するオーストラリア東部でも日本より 1 時間早い。そこで、次の最終案である。

(3) 日本の標準時を 1 時間早める。

　これだと時刻の変更は 1 度のみでよいことになり、その他は時間に対する習慣を含めすべて従来通りとなるはずである。皆さんのご意見はいかがでしょう。(2004 年 12 月)

第 2 章

建築物・構造物について

2.1 日本の建物の柱はなぜ太い？

　海外旅行で建物を見たり、あるいは写真などで外国の建物を見たりして日本と異なると感じることの一つに、柱の太さがある。もちろん日本の建物の柱の方が太いと感じるであろう。太い柱の方が安定感があるという見方もあろうが、細い柱の方がスマートに見えて一般には好まれるし、柱が太くなるにつれて使用できる床面積は減っていくので細い柱の方がよい。柱が細過ぎると見えるのであれば、太くするのは困難ではない。逆に、太い柱を細くすることは不可能なことが多い。なぜなら、柱が太いのはそれなりに理由があるからであり、この点について考えてみよう。

　柱の最も重要な役目は、建物の重量を支えることにある。同じ建物であれば重量も同じであり、同じ材料・構造の柱とすると、その太さは日本であろうと外国であろうと変わりがないはずである。建物の重量の一部となる人間の体重は外国人の方が大きいことが多いくらいであるから、これが日本の柱が太い原因ではない。

　柱のもう一つの重要な役目として、地震力に対しても抵抗することがある。実は、建物の重量を支えるために必要な柱の太さはそれ程大きくはなく、地震力に抵抗できるようにするために柱の太さが決まってしまうことが多いのである。このため、地震のほとんど生じない場所(例えばニューヨークのある米国東海岸など)の建物の柱は日本より細いということは納得していただけると思う。

それでは、日本と同じ様に地震が結構起こっていると見られるロサンゼルスやサンフランシスコのある米国西海岸などではどうであろうか？　私の見た感じではこの地域でも柱は日本より細いのである。この原因を探るために、耐震基準で定められている地震力について考えてみよう。

まず、地震が起きたときにどの位の大きさで地面が揺れる可能性があるのであろうか？　耐震基準はこの揺れの大きさを地面の水平方向の加速度で示しているのが一般的で、ちなみに大地震のときに予想される地面の水平加速度は多少の地域差はあるが日本で $0.3〜0.4g$ (g：ジーは重力の加速度) で、この値は米国の耐震基準によるロサンゼルスやサンフランシスコの値とほぼ同じである。よって、予想される地震動の大きさは日本と米国で変わりがなく、これが柱の太さの違いの原因ではない。

地震によって地面が揺れると、その上の建物も揺れる。建物は一般に地面より3倍くらい大きく揺れ、建物が壊れずまたひび割れも生じないとすると建物に生じる加速度は $1g$ くらいになることも日米で変わりがない。ところが、建物を横にしても壊れないことになる $1g$ という大きな力に抵抗させるようにするには経済的にも無駄が多く、また建物にひび割れなどができ損傷を受けると建物に生じる加速度は $1g$ ほど大きくはならないのである。このため、建物にひび割れが生じるとしてもすぐには壊れないように、すなわち建物に粘りを持たせ、これによって建物の地震力に対する耐力が小さくてもよいようにするのが耐震設計の考え方で、これも日米で異なるものではない。

しかし、この建物の粘りによってどのくらい地震力を小さくすることができるのかが大問題で、まだ学問的にも確立されていない。このため、最も粘りのある建物に対して、日本では地震力を1/4にしているのに比べて、米国では1/8にしているのである。このため、同じ様な大きさの地震が起きると考えているにもかかわらず、建物を設計する時に考える地震力は日本の方が米国より2倍も大きいことになり、これが柱の太さの違いの原因となっているのである。

ごく稀にしか生じない大地震に対して全ての建物を無被害におさめるのは経済的にも不可能である。このため大地震の時には人身に被害を及ぼしては困るが、建物にはある程度の被害を容認しているのが現状である。この容認する被害程度の設定とそれが満足されるように建物を建設するための学問はまだ完成されていないのが現状である。（1991年12月）

2.2 建設現場用語集は悪魔の辞典？

山崎正男著「新版・建設現場用語集」（昭和57年三宝社発行）はまるでA・ビアス著「悪魔の辞典」のような面もあり興味深かった。ここに、主に工事契約に関連する用語のいくつかを紹介したい。

あて馬：一定の入札者の数をそろえるため、落札の希望がないにもかかわらず、入札者の中に加えられるもの。

一分ゲーム：話し合いの席で、本命が即座に決まること。

裏ジョイント：ジョイントベンチャーを組んだ届をしないで、一社が契約した工事を裏で数社に分け合うこと。

共同企業体：二つ以上の建設業者が共同責任で工事を請け負う場合に結成する企業体のこと。甲と乙の2種類がある。ジョイントベンチャーともいう。

敷札制度：入札のとき、最低制限〔限度〕価額を設ける制度。

失格：最低制限〔限度〕価額以下の価額で入札し、入札者の資格を失うこと。

ジョイントベンチャー：JV、共同企業体に同じ。略してジョイントともいう。

随意契約〔随契〕：(1) 入札によることなく、見積もり合わせその他の方法で特定の相手方を選定し、これとの間で契約すること。(2) 予算超過で落札者がないとき、特定の相手方（多くの場合最低額で入札した者）との間で価額低減を協議し、予算価額以内で協議がまとまったところで、この相手方と契約すること。

たたき合い：入札で関係業者間の話がまとまらないとき、各業者が自由価額で入札すること。

談合：入札に参加する業者が入札前に入札価額について話し合うこと。

手直し：工事の引き渡し時の完成検査で指摘された不完了または不良個所に手を加えて完全にすること。駄目直しは建設業者が自ら行うもの、手直しは注文主に指摘されてから行うもの。

特命請負〔特命〕：特定の業者が注文主から指名を受けて見積書を提出し、合

意に達した金額で請負契約を締結すること。

流す：入札において落札者が出ないようにすること（予定価額が見積価額より著しく低いと予想されるときなど）。

投げ：投げは仕事を下請けに任すこと。切り投げは工事を分割して下請けに任すこと、または職人（職人のグループ）に仕事を分割して与えること。丸投げは工事を一括して下請けに任す（禁止事項）こと。

逃げ札：指名入札に指名された業者が落札を希望しないときは、高目の金額で入札することがある。これを逃げ札という。

バッジ：暗に国会議員を指す。工事獲得工作手段として議員を利用する場合に用いる。

ひもつき：入札のさい、工事または業者になんらかの因縁（条件）がついていること。

不調：(1) 入札において落札者もなく、随契でもまとまらず、入札の目的を達しないこと。(2) 入札前の話し合いで、話がまとまらないこと。

ペーパージョイント：書類では数社がジョイントベンチャーを組みながら、実際には特定の者だけが工事の施工に当ること。

ボーリング：(1) 地質調査のため、地中に穴をあけて資料を採取すること。(2) 入札に先立って、発注者の予定価額を探ること。

本命：入札のときの落札予想（定）者。

呼び掛け：入札前に話し合いに応ずるように呼び掛けること。

落札：入札の結果、工事請負契約予定者が決まること。

渡り：入札前に業者間で連絡をとること。

さて、皆さんにとっては何か興味深い用語がありますか？　私としては、この本が新版とはいえちょっと古いので、死語も含まれているのではないかと心配していると同時に、あるものは死語であって欲しいと願望している次第です。（1992年6月）

2.3 着氷現象と構造物への影響

1992年5月ノルウェーの南端に位置するクリスチャンセン市で行われた着氷荷重の測定に関する国際セミナーと国際標準化機構 (ISO) の大気中での着氷荷重に関するワーキング・グループに出席した。その間に感じたことなどを紹介したい。

着氷と呼ばれる現象には、雪が物体に付着し氷となる場合と、氷点以下に冷やされた水滴 (過冷却水滴) が物体に接触し、すぐに氷になるという2つの場合がある。雪が付着して氷となる場合は、その中に空気が入るため白い霜のようになるのはすぐに理解できるが、過冷却水滴の場合には、空気が入らず透きとおった氷となる場合と、空気が閉じ込められ白く濁った氷となる場合が生じる。透きとおった氷の密度は 0.9 g/cm^3 くらいであるが、空気が閉じ込められた状態では密度が半分くらいとなることもある。いずれの場合も風上に向かって着氷していくのが特徴である。

雪には液体の水を含まない乾いた雪と液体の水を含む湿った雪の2種類がある。乾いた雪の場合は、物体に付着しても風で吹き飛ばされるが、湿った雪や過冷却水滴が氷となる場合は着氷が次第に大きくなり、例えば送電線が切れたり送電鉄塔が壊れたりするという事態になることもある。着氷が成長する様子は、初めは風上に氷が付き (図 2.1a)、それが大きくなると重力によって垂れ下がり (b)、その結果風の当る面が増大し次第に着氷が大きくなり (c)、それが重力によって更に垂れ下がり、最終的には電線に同心円状の氷が付き、(d) その直径が 30cm 以上にもなることがある。送電線は長い間隔で支持されているので、電線がねじれ易く、これも着氷が増大する原因の一つである。

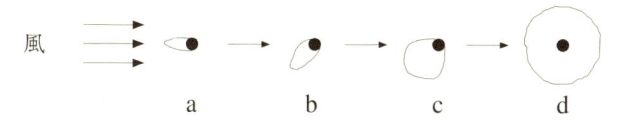

図 2.1 送電線への着氷

着氷が生じるのはもちろん気象状態が大きく影響するが、氷が付着する物体にも大きく影響される。簡単にいうと、物体が大きくなると気流の乱れが生じ、そのため物体が大きくなっても着氷は大きくなるとは限らない。その結果、断面の小さいものほど着氷害が問題となる。世界的にも、送電線への着氷は大きな問題で、国際電気学会でもこの対策の研究が行われている。日本でも電力会社の大きな関心で、研究は電気学会など電力関係のグループが中心となって行っている。送電線は高い山脈を越えて配置されることも多い。山岳地帯の気象条件は様々で、北海道・東北のみならず本州南部の山岳地帯でも着氷が問題となる。

着氷をどのように構造物への荷重として設計に取り入れるべきかなどについて会議中に討論されたが、まだ観測データーが十分ではないため、標準的な観測装置を世界に配備して、そのデーターを蓄積する必要があることなどが指摘された。しかし、着氷が起こるのは気象条件の厳しい地域で、観測装置を設置することも、観測を続けデーターを収集することにも困難が伴う。どのような測定を行うかについても、単に荷重の測定ではなく、着氷の様子を調べるためビデオによる画像も必要である。荷重計が凍って作動しないようでは困るし、ビデオカメラが氷雪に埋もれても困る。カメラを氷雪から守るためにケースに入れたとしてもケースが雪で被われたりすると観測ができなくなる。更に、電線は風で大きく振動したり、着氷すると垂れ下がったりするので、アップで画像を自動的に捕らえるのは難しい。

会議の行われた場所から数十km離れた山岳地帯に着氷観測用の送電線の模型が3年ほど前に設置され、その見学会も催された。観測地点は専門家の意見を聞き、最も着氷が起こり易いといわれた場所であるが、観測装置の設置以来一度も着氷が起こっていないのでデーターが全く得られないという皮肉な結果である。着氷を防ぐには、そこに観測装置を設置すればよいなどという冗談も交わされた次第であった。(1992年8月)

2.4 建物の高さと面積

高さ・長さ・面積は数学的には簡単かつ正確に定義されるが、実際の建物となると簡単ではない。

建築基準法によると、建物の高さは地盤面からの高さであるという当り前

2.4 建物の高さと面積

のことが規定されている。地盤が水平かつ建物の頂部も水平であるなら高さを決めるのに問題はない。建物の高さに凹凸がある場合は最も高い部分がその建物の高さとなる。しかし、原則として屋上に建設される機械室などは屋上の面積の1/8以下の場合、その高さが12mまでは建物の高さに算入しないことになっているので、建物の高さとは必ずしも最も高い部分の高さとは限らないのである。

このように規定されていた理由として、建物の最高の高さよりは建物の外壁の高さを揃えた方が街並みが整然と見えることがある。例えば、1964年までは建物の高さは31m以下と制限されていた。この規定により、今でも東京丸の内やその他多くの都市の比較的旧いオフィス街では道路に面する建物の外壁の高さが31mに揃っているところが多い。

さて、地盤が傾斜している場合は、建物に接する地盤の平均の水平面から高さを測る。また、地盤の高低差が3mを超える場合は、高低差が3m以内ごとの平均地盤面からの高さを測ることになっている。

面積についてはさらに複雑である。建築面積とは建物を真上から見たときの建物の面積のようなものである。実際には、外壁またはそれに代わる柱の中心線で囲まれる面積で、突出長さが水平方向に1m以上の庇（ひさし）がある場合は、その先端から1m後退した線で囲まれる面積である。床面積とは、各階毎に外壁の中心線で囲まれた面積である。延面積とは、各階の床面積の合計である。関連した用語である建蔽率（けんぺいりつ）とは敷地面積に対する建築面積の割合、容積率とは敷地面積に対する延面積の割合である。

以上のように、高さ・面積といっても、実際の建物になると複雑である。さらに、建物の高さ・面積に応じて、構造や防火などに対する規定が異なる。

例えば、一般的に木造は最高高さ13m、軒高9m、2階建までに限定されている。それを超えると、構造や防火に対して特別な考慮が必要となる。居室の天井高は2.1m以上と決められているから、高さの限度からは3階建が可能である。しかし、防火などに対する規定によって、3階建の木造が建設できない地域も多い。このため、最近の木造のアパートでは図2.2のように天井を高くし、中二階のようなロフトを設け、実質的な面積を増加させている例もある。ただし、ロフトに固定した階段を設けると、その部分が階と見なされるので、ロフトには取り外しのできる梯子（はしご）しか付けることができない。このような木造アパートは2階建としては高さが高く、図2.3の

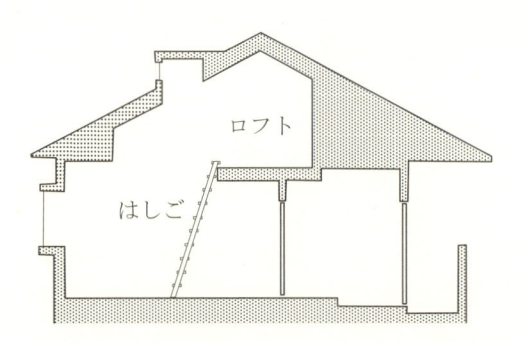

図 2.2 ロフト付きアパートの 2 階部分の断面

図 2.3 2 階建の木造と 3 階建鉄筋コンクリート造
（左の 2 階建の木造アパートと右の 3 階建鉄筋コンクリート造アパート（1 階部分は植え込みの陰）はほぼ同じ高さ）

ように鉄筋コンクリート造の 3 階建のアパートと同じ位の高さになるので、外観からも分かる。法律逃れのような感じもしないではないが、ロフトは非常に便利で、狭い空間の有効利用法となっている。（1993 年 6 月）

2.5 冬も夏も新築も改築も「外断熱工法」

北海道では9月に暖房が必要となることもあり、次第に冬の訪れを実感する。もっとも、最近の建物は、暖房器具の性能の向上と、建物の高断熱・高気密化により、私が子供の頃に比べると、格段に快適である。特に、私はマンションに住んでいるので、上下左右の住戸から暖められるせいもあり、10月でもほとんど暖房の必要性を感じない。

さて、鉄筋コンクリート造の建物では、通常は断熱材を屋内に貼り付けるので (図 2.4a)、断熱材の厚みによって部屋の面積が減少する。さらに、外壁のみに断熱材を貼っても、中間に壁があると (図 2.4b)、断熱材が途切れるため、この部分が熱の逃げ道 (ヒートブリッジという) となり暖房効率が落ちるほか、結露の原因ともなる。このため、中間の壁にも断熱材を貼ったりする (図 2.4c)。梁がある場合には、図 2.5 のように断熱材による凹凸が建物の内側から見えることもある。

このような欠点のないのが外断熱工法で、文字通り外部に断熱材を貼る工法である (図 2.4d)。この工法はヒートブリッジ解消の他に、建物の面積は断熱材を除いた外壁の中心線で測るので、部屋の面積が断熱材によって減少しないというメリットもある。さらに、新築ばかりでなく、改築の場合にも容易に取り入れることのできる工法である。また、外壁を含め建物全体を暖めるので、快適さの他に省エネも期待できる。(もちろん、断熱材のほかに、ガラスを2～3重にし開口部の断熱性を高めることと、高気密性も、快適さと省

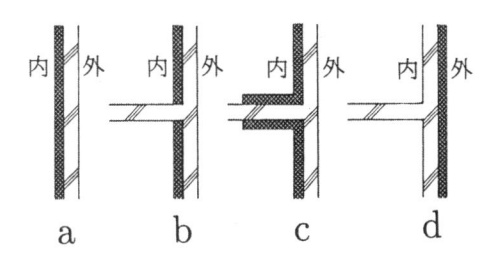

図 2.4 断熱材の貼り方

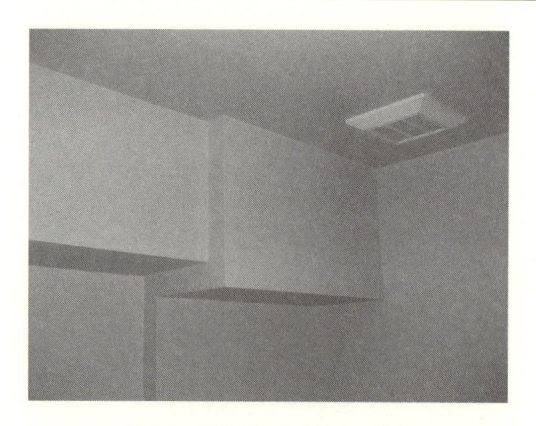

図 2.5　断熱材による屋内の凹凸

図 2.6　外断熱を採用した集合住宅
（青森県六ヶ所村、外部の断熱材はセラミックパネルで覆われている。）

エネの重要なポイントである。)

　図 2.6 は寒冷地ということで、青森県で外断熱工法が採用された集合住宅である。断熱材が外部にあるため、断熱材の劣化防止のための外壁仕上材も重要で、最近ではタイル貼工法が維持管理の面から採用される例が多くなっている。外断熱工法に限らず高断熱・高気密工法は、暖房のみならず冷房にも有効で、北海道で育った寒地向けの工法が次第に本州の方にも採用される

傾向にある。冷房が必要な時期には、夜間の安価な電力で建物全体を冷やしておくと、日中の電力消費を少なくすることも可能となる。

最後に、贅沢（ぜいたく）な話であるが、建物全体がほぼ同じ温度となり、どの部屋のどこにいても年中快適であるようになってきたが、何となくメリハリがない。今となっては、冬期に赤々と燃えている石炭ストーブのそばで、風呂上がり裸同然の姿でビールを飲む爽快さを恋しく思っている。(1996年12月)

2.6 継手（つぎて）・仕口（しぐち）と考古学

建物は、種々の部材（柱・梁など）を組み合わせて造る。日本の伝統的木造技術では細長い部材をその材軸方向に接合するのを「継手」、材軸方向ではなく直角や斜めに接合するのを「仕口」と区別して呼んでいる。建築学用語辞典*によると、仕口（しくち）「複数の部材をある角度をもって接合する方法、またはその部分。とくに、木材を切削加工して接合する場合をさす。しぐちともいう。」、継手「[1] 二つの部材をその軸方向に継ぐ方法、またはその部分、部品。[2] 仕口も含め、複数の部材を接合する方法、または部分、部品の総称。」と説明されている。代表的な継手・仕口の例†を図 2.7 に示すが、この他にも多数の手法がある。なぜこのような形になったのか？面白い名前が付いているなあ、などと思うであろう。

つい最近まで、このような接合部は工事現場で「のみ」を用いて作られていた。今では多くの場合、工場で機械を用いて作る。機械を用いるのであれば、このような形状でなくともよいのにと思ったりするが、伝統的な接合法が引き継がれている。

話は変わるが、最近は考古学ブームのようで、古い遺跡から次々と新しい発見がなされている。縄文時代にはすでに稲作、埴輪には大型船の文様、大規模な建築物の痕跡、・・・などの報道が一般の新聞紙上で大きく報道されている。

このような発見の一つに仕口の一種である図 2.7 f の「渡り腮（わたりあ

---

* 日本建築学会編「建築学用語辞典」岩波書店
† 日本建築学会編「構造用教材」技報堂

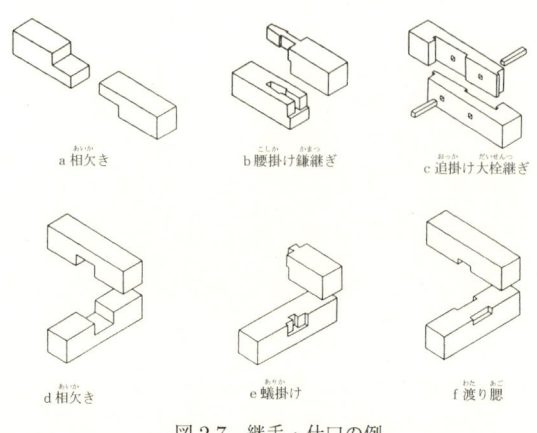

a 相欠き　　b 腰掛け鎌継ぎ　　c 追掛け大栓継ぎ

d 相欠き　　e 蟻掛け　　f 渡り腮

図 2.7　継手・仕口の例
（上段は継手、下段は仕口）

ご）」が富山県小矢部市の縄文時代中期の桜町遺跡で見つかった記事（1997 年 9 月 4 日朝日新聞）があった。この技法は、これまで約 1,300 年前の奈良県の法隆寺のものが最古とされていたが、これが約 4,000 年前から用いられていたことになったのである。

　新聞記事によると、「縄文中期に高度な建築の技」などの見出しや、「大変な驚き・・・不思議でならない」などの歴史家のコメントが載っていた。

　このような記事を読んで、当時の人達に申し訳ないような気持ちを持ってしまった。その理由は、現代の人間が、全ての面で自分達が歴史的に見て最も進んでいると考えている（錯覚している）のではないかと感じたからである。

　確かに、コンピューターや通信・交通手段など、ある面では現在が最も進んでいるかも知れない。しかし、進んでいるのはほんの一部分で、それも今までの蓄積の上にほんの少し進歩した程度のものが多い。また、失われてしまった人間の英知も多いはずである。（ピラミッドをはじめ現在の知識では説明できないことが数多くある。）このようなことを考え、当時は現在より遅れていたはずという感覚の下に、歴史を見るのは現在の人間にとってはおこがましいと感じたからである。

バブル経済破綻について「このような事態になるとは(自分を含め誰も)予想ができなかった」などと平然といい訳している旧経営者の言葉を聞くたびに、あたかも自分達は今までとは異なり新しい道を進んできたといっているような傲慢(ごうまん)な態度が鼻につき、もっと謙虚な気持ちで過去を学ばなければと思っている。(1998年6月)

2.7 人・環境・技術：建築への提言

1948年(昭和23)に設立された北海道大学工学部建築工学科は50周年を迎え、その記念行事の一環として1998年9月に行われた創立50周年記念シンポジウム「21世紀の建築とその教育」の概要を紹介する。

戦後の経済成長に伴い、建築界は多数の集合住宅、高層建築、大空間建築、高性能設備を備えた事務所や住宅など、社会の要望に応えてきた。しかし、高齢化・低成長・国際化・地方分権・規制緩和・環境問題などの波はバブル経済破綻以降さらに加速され、建築を取り巻く分野は、これまで予想していなかった多くの困難に直面している。このためシンポジウムでは、次の3課題について講演と討論が行われた。

「参加型の建築」　　小澤紀美子 東京学芸大学教授

日本の近代化の過程は、物的豊かさと引き換えに、膨大なエネルギーや資源を浪費し、「外なる自然破壊」としての地球環境問題と「内なる自然破壊」としての人間性の解体の2つの自然破壊に拍車をかけてきた。

さらに、明治以来の「依らしむべし、知らしむべからず」といった国の姿勢が、行政に任せておけばすべてうまくいき、市民あるいは国民としての主権・主体性を放棄する国民性を育て、経済的な合理性を優先し、金銭換算できないものの価値を低く見なし、「お金」がすべてという拝金主義を生み、自分中心主義の精神を生み出してきてしまったきらいがある。

今、日本の住宅・建築・都市に求められていることは、人づくりである。専門家も含め自立的な「参加」によるまちづくりが望まれており、日本人としての生き方も問われている。

「環境と建築」　　辻井達一 北星学園大学教授

人は、豊富な材料があればそれを贅沢に使うし、なければ工夫を凝らして

何でも使って建物を造る。環境についても選択の余地がなければ、条件の悪いところに住むことを余儀なくされる。

環境を改変・改善することも可能である。例えば、カナダのカルガリーでは低湿地の中央部を湖にすることによって水はけの問題を解決すると同時に、欠点を逆に使って高級住宅地への変換によって成功している。サンフランシスコ湾岸では、環境緩和によって造られた人工海岸が優良企業の立地をもたらし、自然復元への投資が効果を上げている。

自然を損なうことなく巧妙に使ってこそ環境が生きることになり、それによって快適な環境での居住が可能になる。空調で室内環境を維持することも必要だが、十分な緑地を都市内に効果的に配置すること、あるいは保全することのほうが基本であろう。

「先端技術と建築」　田中享二 東京工業大学教授

建築は人間の日常生活を包み込む必需品としての器であり、人間の生活が基本的に変わらないかぎり、建築を大きく変化させることへの動機は希薄である。このため、先端技術が即座に受け入れられにくい背景があるが、技術の建築的適用は多く見られる。現在の建築物は技術の巨大な複合体である。

現在いろいろなレベルで技術開発(耐震、地下空間開発、海洋開発、建設ロボット、施工合理化、新材料など)がなされているが、これが人間生活を本当によくするのかを冷静に問い直す必要がある。さらに地球レベルでの環境問題には、今までとは全く異なる評価軸が必要である。

建築オリジナルで開発した先端技術は少なく、ほとんどは他分野からの建築用途への技術移転が実体である。建築に要求されるのはどのような技術であるのかの考察である。それは、我々がどのような建築を望むのかという一点にかかっている。

(これらの講演・討論の内容は 50 周年記念誌に多少詳しく報告されることになっている*。) (1998 年 10 月)

---

* 北海道大学建築工学科創立 50 周年記念誌、1999 年 2 月 10 日発行

2.8 「住宅の品質確保の促進等に関する法律」の施行

2000年4月に「住宅の品質確保の促進等に関する法律」が施行された。この法律は、住宅の品質確保の促進と、消費者が安心して住宅を取得できる市場条件、住宅に係る紛争処理体制の整備を図るためのものである。

まず、住宅の品質確保のために、どのような性能を表示するかの概要を表2.1に示す。表を見ると、重要な項目がほぼ網羅されてることが分かるが、同時に今まではどうしていたのかという疑問が湧いてくるであろう。

最近のマンションなどの宣伝には、(阪神淡路大震災以降は多少変化しているが) 構造や火災に対する安全性について書かれることはほとんどなく、場所・面積・価格の他はいかに高級な仕上げや設備を用いているかが強調されている。車やオーディオ製品などの宣伝やパンフレットと比べると、住宅が非常に高価であるにもかかわらず、重要な性能が全く示されていない。

このようになったのは、建築基準法が最低基準であるにもかかわらず「建築基準法を守っていますから大丈夫です」などの説明がまかり通ってきたことにある。性能表示基準では、建築基準法を単に満足している場合は最低の「等級1」となる。最高の等級は項目によって異なるが3, 4, 5の場合があり、また文章で記述する場合もある。

なお、この法律は強制的ではなく住宅の供給者が(指定された機関の評価を受けて)任意に行うものであり、消費者は品質が表示されている住宅を望むのならばそれを選択すればよいし、品質の表示のないものを選択するのも自由である。

この法律を「品確法」と略称する場合もあるようだが、単なる品質を確保するのではなく、次世代に美しく「品」の備わった住宅と街並みを残す「品格法」と呼ばれるようになって欲しいと願っている。幸いなことに、この法律には(1)住宅性能表示制度の他に、(2)住宅に係る紛争処理体制、(3)瑕疵(かし)担保責任についても規定しているので、これらの機能が発揮されるならば、目的は十分達成されるはずであると期待している。(2000年12月)

表 2.1　日本住宅性能表示基準の概要

1. 構造の安定	
1-1, 2	耐震等級（構造躯体の倒壊・損傷防止）
1-3	耐風等級（構造躯体の倒壊・損傷防止）
1-4	耐積雪等級（構造躯体の倒壊・損傷防止）
1-5	地盤・杭の許容支持力等と設定方法
1-6	基礎の構造方法と形式等
2. 火災の安全	
2-1, 2	感知警報装置設置等級 （自住戸と他住戸等火災時）
2-3	避難安全対策（他住戸等火災時・共用廊下）
2-4	脱出対策（火災時）
2-5, 6	耐火等級（延焼のおそれのある部分） （開口部と開口部以外）
2-7	耐火等級（界壁及び界床）
3. 劣化の軽減	
3-1	劣化対策等級（構造躯体等）
4. 維持管理への配慮	
4-1, 2	維持管理対策等級（専用・共用配管）
5. 温熱環境	
5-1	省エネルギー対策等級
6. 空気環境	
6-1	ホルムアルデヒド対策（内装）
6-2, 3	全般換気対策と局所換気設備
7. 光・視環境	
7-1, 2	単純開口率と方位別開口比
8. 音環境	
8-1, 2	重量床と軽量床衝撃音対策
8-3, 4	透過損失等級（界壁と外部開口部）
9. 高齢者等への配慮	
9-1, 2	高齢者等配慮対策等級（専用・共用部分）

2.9 ニューヨーク世界貿易センタービル：崩壊の原因？

2001年9月11日にテロリストが航空機を乗っ取り、ニューヨークの世界貿易センター（World Trading Center：WTC）の2つのビルに次々衝突した。その結果、1～2時間後には2棟とも崩れ落ちるように完全に崩壊してしまった。ここでは、なぜWTCがあのように崩壊したかを考えてみたい。

航空機が衝突した直後は、その階を中心に部分的な崩壊は生じたが、全体崩壊には至らなかったことを考えると、衝突後に生じた航空機の燃料による火災が全体崩壊の引き金となったに違いない。

WTCは鉄骨造である。鉄は燃えないが、高温になると軟らかくなる性質がある。このため、鉄骨造の柱や梁（はり）は耐火材料で覆われている。この耐火被覆は、火災が自然にあるいは消火活動によって鎮火する時間を考え、1～2時間程度は鉄骨の温度が高くならないようになっている。

WTCの場合は、航空機の衝突によって耐火被覆が飛び散ってしまった。このため、鉄骨は直接火炎によって熱せられ、その部分が高温となったばか

図2.8　エンパイア・ステート・ビルから見たWTC
（後藤隆之氏 2001.7.11 撮影）

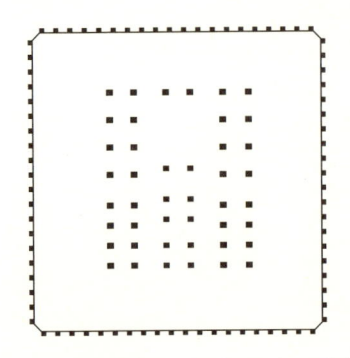

図 2.9 世界貿易センター (WTC) の平面図
(平面は一辺 63m の正方形、柱は約 1m 間隔)

りではなく、鉄の熱伝導率のよさのため衝突階の上下の鉄骨も高温となり、このことによって部分崩壊が広がり全体崩壊に至ったと考えられる。

それでも、なぜ建物が一気に崩れ落ちるような全体崩壊が生じたのであろう。この点については、建物の構造と大いに関係がある。

WTC は 110 階建で高さは 411m、平面は一辺約 63m の正方形である (図 2.9)。外周には約 1m 間隔で柱が並んでおり、各階の床レベルで梁と接合され格子状の構造となっている。実際の建方は、柱と梁で構成される細長い井桁 (いげた) を 4 つ組み合わせた形のユニットを一段づつずらしながら組立てる (図 2.10)。これは柱の接合部が 1 つの階に集中せず、かつ組立てる際にユニットが隣のユニットに必ず接合される巧妙な施工法である。完成すると 4 周の外壁全体で鳥かごのような (チューブ) 構造になる。

外壁の格子状の構面は面内方向の力に対しては強いラーメン構造となるが、面外には弱い構造である。更に、3 階毎にユニットを接合 (図 2.10 の黒丸) しているため、面外方向の力に対しては床と一体となっていなければ不安定な構造で、床は風圧力にも抵抗する重要な働きをする (なお、ニューヨークでは地震力を考えない)。すなわち、外壁が受ける風圧力は床に伝えられ、その床を通して両側の格子状の構面に風圧力が伝達される構造である。

外周の柱と内部の柱の間には、鉄骨造のラチス梁とコンクリート製の床スラブが一体となっているユニットを架け渡し各階の床を構成する (図 2.11)。

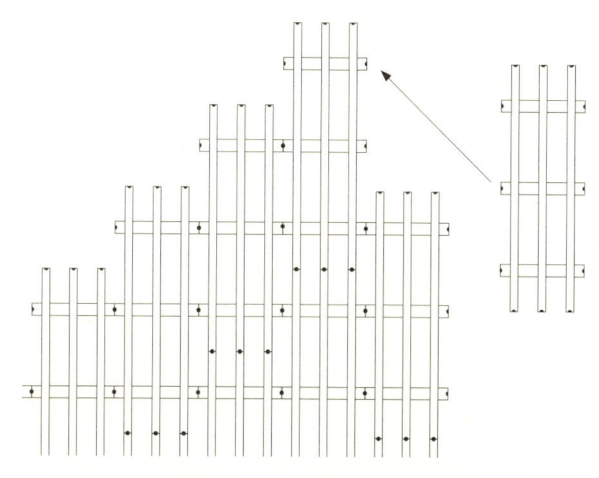

2.9 ニューヨーク世界貿易センタービル：崩壊の原因？

図 2.10 世界貿易センター（WTC）の外周壁面の組立方法
（黒丸はボルト接合の位置）

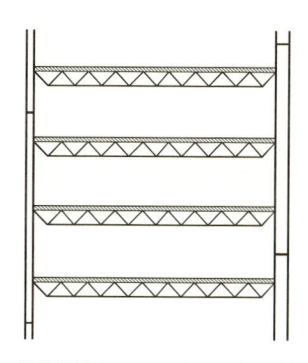

図 2.11 世界貿易センター（WTC）の床梁の模式図
（床梁はその階の荷重のみを柱に伝達する接合）

このユニットと柱の接合部は各階毎の床スラブの自重とその上に乗る積載荷重を支えるピン接合である。

このような構造のため、ある階の床が壊れ下階の床に落下するとその床が破壊され、次々と床が壊れることになる。床が落下するときには、それに接合されている柱も引き込むことになり、3階毎にボルトで接合されている柱はこの力に抵抗できない。

このようにして航空機が衝突した階の部分崩壊は、火災によってその近くの階へと広がり、数階分の床が落下すると、それより下の床は次々と壊れ落下し、同時に柱も床に引き込まれ、一気に全体崩壊に至ったと考えられる。
(2001 年 12 月)

2.10　クアラルンプール：名物は世界一高い建物

アセアン工学系高等教育ネットワークに対する国際協力の一環としてマレーシアを 2001 年 9 月に訪れた。ネットワークの紹介は別の機会に譲ることにして、ここではマレーシアの建物などについて紹介したい。

マレーシアの歴史は、1400 年頃に建国されたマラッカ王国から始まるようである。その後、ポルトガル、オランダ、英国に支配されたが、1957 年にマラヤ連邦として独立、1963 年にボルネオ島のサバ、サラワクを統合し立憲君主制のマレーシア連邦が発足した。1965 年にはシンガポールが分離独立し、現在のマレーシアとなっている。

首都クアラルンプールは Kuala Lumpur と 2 語に分けて書くので、以前から気になっていたが、クアラとは川が合流する地点でルンプールは泥の意味があることを知った。クアラルンプールの名物の一つは高さ 452 m の世界一高い建物である。この建物は国営石油会社所有のペトロナス・ツインタワーで、鉄筋コンクリート造 89 階建、下層がショッピングセンター、上層はオフィスとなっている。最上部はイスラム教のモスクの尖塔のようになっていて、この部分がなければ米国シカゴ市のシアーズタワー (435 m) のほうが高いという人もいるが、マレーシアのシンボルとして世界一を目指して建設したものである。ツインタワーの他に、高さ 421 m の KL タワーも観光地として有名である。どちらからの展望も素晴らしいに違いないが、それにもましてツインタワーと KL タワーは市内のどこからでも見つけることができ、こ

2.10 クアラルンプール：名物は世界一高い建物

図 2.12　クアラルンプールのツインタワー（右）と KL タワー（左）

図 2.13　クアラルンプール駅前のマレーシア鉄道公社

の二つを目印とすると自分が市内のどの辺りにいるかが容易に分かり非常に便利である（図 2.12）。

　市内にはツインタワーや KL タワーの他にも超高層ビルや面白い形状の建物が多く、地震がほとんどない地域のせいであろうが、大胆な構造・形状の建物が多い。新しい建物が目に付く街であるが、英国領時代の建物もありなかなか趣がある（図 2.13）。建築に興味のある人にはデザインの面からも構造の面からも、単に街並みを見て歩いても興味が尽きない。

さて、マレーシアから帰国したのは9月11日で、その日の夜に米国ニューヨーク市の世界貿易センター（110階建、高さ420m、アンテナを含めると高さ527mで世界一であった）にハイジャックされた航空機が衝突し、二つの超高層ビルが崩壊してしまった。

国際標準化機構（ISO）の構造物の設計の基本には「構造物が簡単に壊れないように強靱であること」を唱っており、これを structural integrity（構造健全性）または robustness（ロバスト性）と表現している。世界貿易センターが構造健全性の限界を超え、一気に崩れ落ちるように崩壊したのは、設計では予想していなかった荷重と火災が生じたからに間違いない。しかし、もしペトロナス・ツインタワーのように鉄筋コンクリート造であったならば、崩壊するにしても一気に崩れ落ちることはなかったのではないかと思っているが、このようなことが実際に検証されることがないように祈っている。（2002年2月）

2.11 ペントハウス（塔屋）とブルペン

ビルの屋上から突出している小屋のような部分を塔屋（とうや）と呼ぶ。この部分にはエレベータ用機械室があったり、水槽が設置されたりしている。屋上から突出している理由は、エレベータのかご（人が乗る部分）はロープによって吊り下げられており、エレベータの昇る最上階より上にロープ巻上機を設置するためである。また、高層建物では水道の水圧によって最上階まで水が届かないこともあり、この場合にはポンプで水槽に水を汲み上げ、そこから下の階に給水する。更に、屋上に通じる階段の出入口としても塔屋が必要である。

重要な設備が設置されている割には、地震の際に塔屋などが被害を受けることが多い（図2.14）。その理由は、建物の屋上にある小さな部分は、地震動を受けると特に大きく揺れる性質があるからである。最近の建物は、このようなことを考慮し設計されているが、古い建物はそうとは限らない。

塔屋を英語ではペントハウス（penthouse）という。どうしてこのように呼ぶのであろう？　この鍵はペンにある。ペン（pen）にはペン先・筆の意味の他に、（家畜の）おり・囲いの意味もある。動詞として用いられることもあり、過去分詞は penned または pent である。よって、ペントハウスは「囲われた

2.11 ペントハウス（塔屋）とブルペン

図 2.14　地震で被害を受けたホテル塔屋の水槽
（1989 年米国カリフォルニア州ロマプリータ地震）

家」ということになる。

　さて、野球で救援投手がウオームアップをする場所をブルペン (bull pen) と呼び、この場合のペンも囲いの意味である。野球場の一部を網で囲った場所で救援投手が投球練習をしていることも多いので、ペンと表現するのは納得できる。ブルとは雄牛のことであり、辞書には「（生育した去勢されていない）雄牛」などと書かれている。囲いから出たいと思っている雄牛を外に出すと、どのような行動をするかは、闘牛 (ブルファイト：bullfight) を思い出すとよく分かるであろう。救援投手の出番はピンチの時などで、全力投球をする必要がある救援投手を雄牛に例えるのはユーモアもあり納得もできる。

　ところで、「英語で牛は？」と問われるとカウ (cow) を最初に思い出す人も多いだろうが、カウは雌牛で特に乳牛を意味する。ウシ科の総称はオックス (ox) であるが、雄牛で特に労役用・食用の雄牛を意味している。bull も cow も ox も綴りが全く異なるのは、動物の分類としては同じでも飼育の目的が異なるからであろうが、どうしてこのようになったのか興味は尽きない。ついでながら、子牛はカーフ (calf) で、その柔らかい肉をヴィール (veal、正しく発音しないとビール：beer に混同される) ということも外国のレストランでメニューを読むときに必要で、牛肉＝ビーフ (beef) のみでは美味しいものを食べ損ねることになる。

他に関連用語として、キャトル (cattle) はウシ (類) の総称 (複数形はない)、スティア (steer) は食用に去勢された若い雄牛、ブゥロック (bullock) は去勢した雄牛などもある。

最後に、主として男性向けのペントハウスという雑誌があるが、これはもちろん屋上の機械室や水槽を意味してはいない。この場合の penthouse (発音はペンタウスに近い) はビルやマンションの最上階にある豪華な住居を意味している。高収入の人や芸能人などが住んでいる場合が多いようで、外国で住まいを捜すときなどにこのことを知っておく必要がある。(2002 年 10 月)

2.12 突然崩壊した朱鷺メッセの連絡デッキ (1)

2003 年 8 月に新潟のコンベンション施設「朱鷺 (とき) メッセ」の連絡デッキが突然落下した。地震でもないのに構造物が壊れることは日本では非常に珍しい。この事故の原因を解明するため、新潟県に事故調査委員会が設けられた。調査委員会は 2004 年 1 月に「事故原因調査結果報告書」を公表し、続いて県内部の調査班は「事故原因と責任の所在」についての報告書を公表した。これらの報告書や調査委員会の審議内容などは、ホームページ[*] に詳しく示されており、誰でも見ることができる。まずは、このような情報を公開したことに対して、新潟県と調査委員会に対して敬意を表したい。(もっとも、調査委員会に対する批判もあり、これもホームページ[†]を開くと見ることができる。)

さて、調査委員会のホームページによると連絡デッキの構造と事故の様子

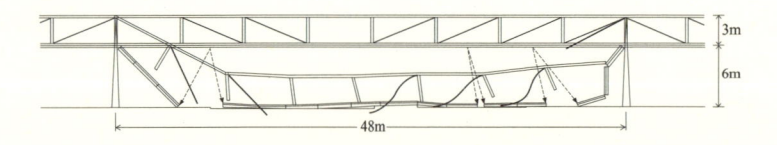

図 2.15 朱鷺メッセ連絡デッキの崩壊事故

---

[*] http://www.pref.niigata.jp/gateway/messe_jiko/index.html
[†] 例えば http://www.kurosawakensetu.co.jp/

2.12 突然崩壊した朱鷺メッセの連絡デッキ (1)

図 2.16　朱鷺メッセ連絡デッキ
(事故が起こったものとほぼ同様の構造、
白い布で覆われているのは応急用の支柱)

は図 2.15 のようである。崩壊した連絡デッキ以外にも (スパンは短いが) 同様の連絡デッキがある (図 2.16)。これらの構造は、上弦材と垂直の吊材は H 型鋼 (200×200 mm) で、斜材ロッドは丸鋼 (直径 30〜80 mm) である。床は長さ 6 m のプレキャスト・コンクリート製の床版 (厚 100〜400 mm) にプレストレスのためのストランドケーブル (PC より線) を通し締め付け一体化している。

調査委員会は、事故後の状況から事故の発端となったのは、斜材ロッドの定着部破壊 (8 箇所)、上弦材の完全な破断 (2 箇所)、床版 (PC より線) の破断 (3 箇所) のいずれかと考え、想定される全ての崩壊メカニズムを検討し、最もあり得るものとして斜材ロッド定着部の破壊を発端とする崩壊プロセスと結論づけた。

すなわち、斜材の上端は H 形鋼に接合されているが、下端はプレキャスト・コンクリート製の床版を斜めに貫通し定着されているのみで、応力の集中によってこの定着部のコンクリートにひび割れが徐々に発生し、竣工後 2 年 4 か月で崩壊に至ったと考えられている。そして、この直接的な原因としては、(1) 設計耐力の不足、(2) 補強筋の不具合、(3) 安易なジャッキダウン (支柱の取り外し) を挙げている。

幸いにも事故の時には、連絡デッキには誰もおらず怪我人も出なかった。しかし、人も載っていない、雪も積もっていない、地震でもない、台風でもない状態で崩壊してしまったのは納得がいかない。次節ではもう少し崩落の原因を私なりに考えてみたい。(2004 年 4 月)

2.13 突然崩壊した朱鷺メッセの連絡デッキ (2)

　前節で、「朱鷺メッセ」の連絡デッキ崩壊事故の様子と調査委員会の見解を紹介した。しかし、人一人も載っていない状態で崩壊してしまったのはどうしても納得がいかないので、私なりに考えてみた。

　連絡デッキを見て最初に感じたのは部材の細さである。朱鷺の名にふさわしく、空中を軽々と飛んでいるような感じがする軽快な構造である。模式的に表すと図 2.17(a) のような平行弦トラスのように見える。トラスは、力の釣合いのみによって部材に生じる力が求まるので、構造力学の初期に学ぶ簡単な構造で、解析の際に誤りが生じるはずがない。それなのに、なぜ事故が起こったのだろうと思った。

　ところが、細部を見ると、気になる点が少しずつ出てきた。一つはスパン中央に斜材が入っていないことである。この位置には通常せん断力が生じないので、斜材を省き図 2.17(b) のようなトラスを連続させて全体を構成しようとしたのであろうと思った。しかし、(部材がピン接合の) 純粋なトラスならば、図 2.17(c) の小さな○印で示した部分が回転すると図のような崩壊が生じる不安定な構造となる。実際には上下弦材には曲げ剛性があり不安定とはならないが、かなりきわどい構造との印象を受けた。

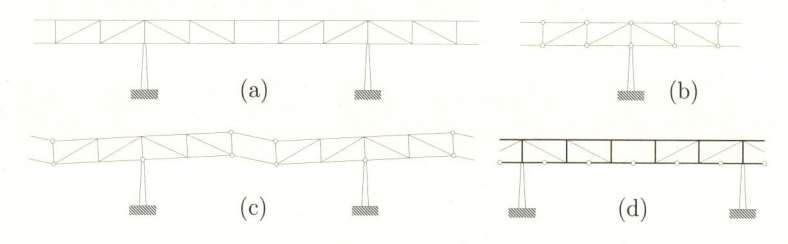

図 2.17　朱鷺メッセ連絡デッキの構造

2.13 突然崩壊した朱鷺メッセの連絡デッキ (2)

図 2.18 斜材端部の接合

構造設計では、トラスではなく図 2.17(d) の太線で示した部材が剛に接合されたラーメン構造として立体解析を行っていた。しかし、このような解析をすると単純なトラスよりも部材に生じる応力が小さく計算される場合も多く、高度な解析によって安全性が高まる保証はない。

次に、上弦材と同じような下弦材があると思ったが、床版が下弦材を兼ねている構造であった。斜材ロッドの上端は図 2.18 のように H 型鋼に接合されているが、下端はプレキャスト・コンクリート床版を斜めに貫通し定着されているのみである。更に、図 2.19 のように床版は図 2.17(d) の小さな○印で示した 6 m 毎に継ぎ目があり、中央の厚さは 100 mm、PC より線によって締め付ける部分の厚さは 400 mm の複雑な構造である。

以上のような状況から判断すると、委員会の見解の (1) 設計耐力の不足と (2) 補強筋の不具合の通り、斜材下端の床版への定着部における力の伝達を十分考慮した細部設計がされなかったことが最大の原因に違いない。しかし、委員会の見解の (3) 安易なジャッキダウン (支柱の取り外し) については、静定トラスと見なしてもよい構造なのに、支柱をはずした時に不都合が起こったのは、もともと構造的に欠陥があったと考えるべきで、事故の直接的な原因ではないと思われる。

最後に、事故の発端ではなかったかも知れないが、吊材下端と床版とのボ

図 2.19 床版の接合部

ルト接合は事故後に全てはずれていた点に注目したい。この接合部には主に圧縮力が作用するので、理論的には単に密着させておくだけでよいことになるが、一部にでも破壊が生じると引張力が働き、これが一気に崩壊した原因であろう。構造物を崩壊しないように設計するのは当然であるが、たとえ崩壊するような事態が生じても一気に壊れないような特性を「構造健全性」（ISOでは structural integrity あるいは robustness）といっており、このような概念の重要性を痛感している。（2004 年 6 月）

第3章

地震・耐震について

3.1　1993年釧路沖地震：北海道の住宅は地震に強い!?

　1993年1月15日に発生した釧路沖地震はマグニチュードM=7.8、釧路の震度はVI（烈震）であった。理科年表によると、マグニチュード7以上は大地震と分類され、震度VIの烈震は「家屋の倒壊は30％以下で、山くずれが起き、地割れを生じ、多くの人が立っていることができない程度の地震」と説明されており、参考値としての加速度は250～400ガル（ちなみに重力加速度は980ガル）である。これ以上の震度は最大のVII激震であり、それ以上はない。

　負傷者は600名以上と多かったが、死者は2名（落下したシャンデリアとガス中毒が原因）であった。建物の全壊13棟、半壊35棟と報告されている[*]。全壊のほとんどは地盤の崩壊に伴って生じたもので、建物自体の欠点によって壊れている例はほとんどない。建物の被害が震度VIとしては少なかった、あるいは震度はVIに達していなかったのではないかともいわれたりしている。震度判定の目安となる地面の水平加速度は、釧路気象台の記録によると、震度VIに達しているどころかそれ以上の値であった。それで「建物の耐震性がよかった」ともいえるので、この点について考えよう。

　最近の住宅は次のような理由で一般に耐震性が向上していると考えられる。

---

[*] 最終的には表3.1のように報告されている。

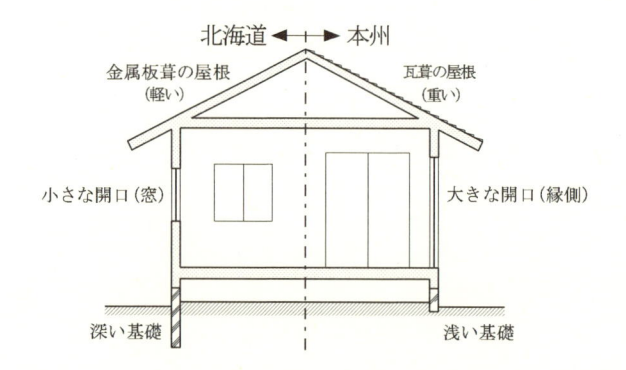

図 3.1　北海道と本州の住宅の比較

(a) 壁の下地として合板などのボード類を使用している例が多い。細長い板を水平に張った壁は地震力に対してほとんど抵抗できないが、柱・梁（はり）などで構成される軸組に直接釘打したボード類は筋かいの数倍も地震力に対して有効である。
(b) 外壁の仕上げとして、以前はモルタルが多く用いられたが、最近はサイディングが多く使用され、このためモルタルが剥がれ落ちるという被害があまり起こらなくなった。
(c) 生活スタイルの変化によるプライバシー重視のため、各部屋が壁で仕切られている場合が多い。この壁が耐震要素として有効に働いている。

　以上は、全国に共通したことであるが、北海道ではこれに加えて次の 3 点でさらに耐震性が高いと考えられる（図 3.1）。

(1) 積雪のため、ほとんどの屋根は金属板葺（きんぞくばんぶき）である。金属板葺は瓦葺（かわらぶき）に比べて軽く、結果的に地震力を小さくする効果がある。
(2) これも積雪と関係があるが、開口が一般に小さく、縁側スタイルの掃き出し開口が少ない。このため、壁が多く耐震的である。
(3) 布基礎が深く、構造的に強い。これは冬期に地面が凍って基礎が持ち上がる、いわゆる凍上（とうじょう）を防ぐため、基礎の下端を凍結線より深く

することにより、必然的に丈夫な基礎となる。

以上のような原因が重なり合って、今回の釧路沖地震による住宅の被害が小さかったと考えられる。

最後に、今回の地震被害の特徴をまとめ今後の教訓としよう。最も目立ったのは砂質地盤の液状化を含む地盤の崩壊とそれが原因となる港湾施設・道路・建物などの被害である。建物については、構造はかなり耐震的であったが、ガラス・天井・照明器具・家具・什器などによって怪我をした人が多い。火災については、地震を感じると、すぐに火を消すという習慣が身に付いており、また最近のストーブには耐震装置が付いているので、自動的に火が消える。しかし室内に湿気を与えるためストーブの上にやかんを乗せて湯を沸かすことが多く、この湯によって火傷をした人が多い。ガス配管の被害も大きく、その復旧には3週間以上もかかっている。

今回の釧路沖地震は、被害を小さくするためには建物の構造のみならず、細部にわたる耐震性を考慮する必要があることを再認識させたといえる。(1993年4月)

3.2　1993年北海道南西沖地震の被害：釧路沖地震との比較

1993年7月12日に発生した北海道南西沖地震のマグニチュード7.8は、同年1月15日の釧路沖地震と同じであった。この二つの地震による被害をまとめたのが表3.1である。

釧路沖地震では、782名と多くの軽傷者、それよりは少ない116名の重傷者、そしてかなり少ない2名の死者が発生した。建物の被害は、一部破損は4,267棟とかなり多いが、半壊225棟、全壊51棟と少なくなっている。このような、多数の小被害・少数の大被害という傾向は、他の地震でもよく見られる被害パターンである。

一方、北海道南西沖地震では、死者・行方不明者の計230名、重傷81名、軽傷240名、全壊1,157棟、半壊580棟、一部破損4,854棟である。このように死者と全壊建物が極端に多いのが津波被害の特徴で、奥尻島の被害(表3.1の括弧)に注目すると、一層この傾向が顕著であることが分かる。すなわ

表 3.1 北海道南西沖地震と釧路沖地震の被害

被害内容	北海道南西沖地震		釧路沖地震
死者行方不明	230 名	(199)	2 名
重傷	81 名	(49)	116 名
軽傷	240 名	(94)	782 名
住家・非住家の全壊	1,157 棟	(782)	51 棟
住家・非住家の半壊	580 棟	(85)	225 棟
住家の一部破損	4,854 棟	(401)	4,267 棟
被害総額	1,243 億円	(584)	531 億円

注：( ) の数字は奥尻町の内数を表す。

ち、津波を受けなければほとんど被害は生じないが、受けたならば死と建物の全壊を覚悟しなければならず、その中間は極めて少ない。

海岸近くで地震を感じたら即座に高い場所に避難するに限る。車での避難は、道路被害による通行不能や交通渋滞によって、車ごと波にさらわれる危険性がある。水中で車から脱出することは平常でも難しいことを考えると、徒歩（できれば走って）の避難を第一に考えるべきである。

津波による被害が特に大きかった地区では、建物がほとんど残っていない壊滅状態であった。残っている建物は、鉄筋コンクリート造などごくわずかで、木造はほぼ全てが押し流されている状態であった。津波後に残っている木造建物を見ると、図 3.2 のように 1 階部分がえぐり取られている例が多い。津波による水圧のみならず、押し流される船・車・建物などの衝撃力に対して木造建物を抵抗させることは不可能で、建築基準法でもこのような状態は考えていない。

地震の振動によって建物が被害を受けている例もあるが、この場合は地盤の液状化、地盤の沈下や崩壊が被害の主な原因である。

以上のような津波被害と地盤被害から建物を少しでも守るためにはどのようにすべきであろうか？ 例えば、1 階を鉄筋コンクリート造の丈夫な箱とし車庫に用い、2〜3 階を通常の木造住宅としたらいかがであろう（図 3.3）。車庫の建設は日本全国どこでも見られる路上駐車の減少に寄与する。1 階の鉄筋コンクリート造の箱は津波にも強く、例え地盤が被害を受け建物が傾いても、傾きを直し修復可能である。そして、この場合には、1 階部分を容積率に

3.2 1993年北海道南西沖地震の被害：釧路沖地震との比較

図 3.2 津波による木造住宅の被害（奥尻町）

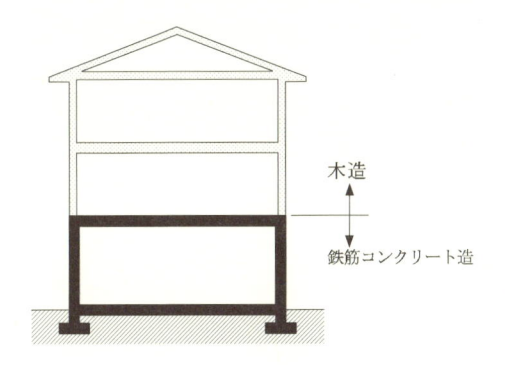

図 3.3 津波にも地盤被害にも強い住宅
（1 階は鉄筋コンクリート造、2・3 階は木造）

入れないという法的な緩和措置をとってはいかがであろう。

　最近、景気回復のため、建蔽率や容積率の緩和が論議されている。安易に狭い敷地一杯の高い建物を認め、街並みを壊すような政策を取るのでなく、防災の面からも有効で、長い目で見た総合的判断の上での政策を希望している。(1993年10月)

3.3 地震学の父ジョン・ミルンと函館の女

図3.4の3冊の本が出版されてから10年以上が経過したが、函館を訪れたのを機会に読み直してみたので、その一端をぜひ紹介したい。

ジョン・ミルンは1850年英国のリバプールで生まれた。明治政府の招きで1876年に来日したが、その経路は当時の常識とは全く逆で、半年をかけはるばるロシアを横断して来た。日本では工部省工部大学校の教授として鉱山学・地質学の講義のかたわら、鉱山資源調査のため日本各地を訪れている。1880年の横浜地震を契機に地震学会を設立し、みずからは副会長となり地震学の活発な研究を1895年に帰国するまで継続し、さらに英国のワイト島でみずから地震観測所を設けるなど地震学をライフワークとした。彼の業績を多くの人々に認識して欲しいと願って出版されたのが、図3.4の左の本(L.K.Herbert-Gustar, P.A. Nott著：John Milne - Father of Modern Seismology, Paul Norbury Publications Limited)で、中央はその邦訳版(宇佐美龍夫監訳：明治日本を支えた英国人－地震学者ミルン伝、日本放送出版協会)である。

図3.4の右の本は、ミルンと結婚したトネの生涯を事実に基づいて書いた小説(森本貞子著：女の海溝－トネ・ミルンの青春、文藝春秋、著者の夫君は元地震研究所長の森本良平氏で、ご夫妻は函館出身)である。

トネは、願乗寺の住職の娘として1860年に函館で生まれた。当時の函館

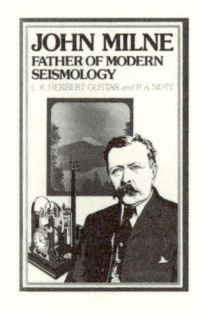

図3.4　ジョン・ミルンと妻トネについて書かれた本

3.3 地震学の父ジョン・ミルンと函館の女

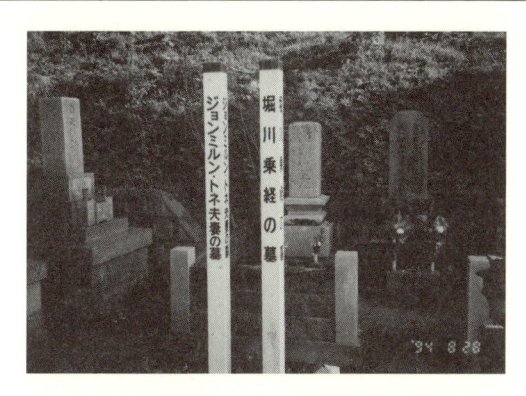

図 3.5 ミルン夫妻の墓

は日本で最も開かれた街で、外国人も多く住んでいた。津軽海峡は北海道と本州の生物の相違の境界線となっているためブラキストン線と呼ばれるが、その名付け親であるブラキストンからトネは英語を小さい時から自然に学んでいた。トネは、わずか 11 歳で家族と離れ、東京芝の開拓使仮学校で学んだこともある。ミルンとは函館で出会い 1881 年に結婚し、その後は東京で暮らした。ミルンの帰国の際にはトネも同行し、ミルンが 1913 年に亡くなるまで子供には恵まれなかったが、幸せに暮らした。その後も英国に留まったが、外国での孤独な生活、英国南端のワイト島とはいえリュウマチの身には気候が合わなかったなどの理由で、結局 1919 年日本へ戻り、1925（大正 14）年函館で亡くなった。

ミルン夫妻の墓は函館の外人墓地の近くに建てられている（図 3.5）。写真右の墓碑の堀川乗経とはトネの父親で、現在は埋立されてしまったが、市内に水利のために堀割を造った人として、函館では父親の方が有名のようである。

ミルンとトネの生涯についてのこれらの本を読むと、日本の明治維新前後の様子、そして当時の北海道の様子が身近に感じられる。特に、函館では、本州の大家族とは異なり、当時すでに夫婦が単位の核家族が一般的であったことが興味深い。夫が漁に出かけた時は、主婦が家庭全般に対し責任を持つことになり、自然に女性の独立心や進歩的な考え方が育まれたようである。このような背景が、トネの生涯にも影響を及ぼしたに違いない。現在でも、北

海道の女性にこのような考え方が引き継がれ、その結果として離婚率・女性の喫煙率が高いのかも知れない。離婚に関しては簡単に結論できないが、喫煙に関しては、進んだ考え方を持っているならばこそ、それに相応しい結果を期待している。(1994 年 12 月)

3.4 1995 年阪神大震災：木造住宅の被害について

1995 年 1 月 17 日、淡路島の北端を震源とするマグニチュード M=7.2 の大地震が発生し、「兵庫県南部地震」と気象庁は命名した。時間がたつにつれ、大被害であることが判明し、「阪神(・淡路)大震災」と報道されることになった。現在の日本において、地震によって死者が 6,300 人を越え、道路、鉄道、建物の被害がこれほど大きくなるとは予想していなかった。木造住宅の被害も甚大で、ここではその理由について考えてみたい。

木造建物の耐震規定は建築基準法で定められている。この規定では、筋かいを入れた壁や軸組に合板などのボード類を釘で打ちつけた壁(これらを耐力壁という)を地震力に抵抗させるため、どのくらい建物に配置すべきかが定められている。しかし、この規定ができたのは 1950 年で、その後 1959 年と 1971 年に規定が強化されているので、それ以前の建物にはたとえ筋かいが入っていたとしても、規定に合っているとは限らない。

その後更に、1980 年に建築基準法が改正され、いわゆる新耐震設計法が 1981 年以来用いられている。建築基準を改正した場合、それ以前に建設された建物をどうすべきかは大問題である。建築基準法では、増改築・大規模の修繕などを行う時には、新しい基準を満足するようにしなければならない。しかし、その時までは、そのままでもやむを得ないことになっている。このため、多くの建物が現在の基準には合致していなかった。これが第 1 の原因であろう。

次に考えられるのは、構法的なことである。1993 年釧路沖地震の後に、最近の木造住宅は耐震性が以前より向上していると 3.1 節で述べた。その理由として、

(a) 壁の下地として合板などのボード類を使用している例が多い。細長い板を水平に張った壁は地震力に対してほとんど抵抗できないが、柱・梁などで

3.4 1995年阪神大震災：木造住宅の被害について

図 3.6　阪神大震災で被害を受けた木造住宅

構成される軸組に直接釘打したボード類は筋かいの数倍も地震力に対して有効である。

(b) 外壁の仕上げとして、以前はモルタルが多く用いられたが、最近はサイディングが多く使用され、このためモルタルが剥がれ落ちるという被害があまり起こらなくなった。

(c) 生活スタイルの変化によるプライバシー重視のため、各部屋が壁で仕切られている場合が多い。この壁が耐震要素として有効に働いている。

以上の3点を挙げた。しかし、被害を受けた多くの住宅は、葺土（ふきど）の上に瓦を葺いた屋根で重量が大きかったこと、さらに図 3.6 のように壁は細長い板を隙間を開けて釘打ちした下地に、ラス（金網）を止め付けモルタルを塗った構造となっており、上述の (a) と (b) にはほとんど合致していなかった。

また、筋かいが入っていても、接合が適切でなければ、その効果が発揮されない。木材の接合部に引張力を負担させることは、接合金物を用いる以外、非常に難しいのである。被害はほとんど生じなかったといわれているプレハブやツーバイフォー（枠組壁工法）では、フレームに合板などのボード類を釘や接着剤を用いて止め付け、筋かいの代わりにしている。

現行の建築基準法には、一般の木造住宅に対しても、合板などのボード類を筋かいの代わりに用いることができる規定がすでにある。今後は、壁に

ボード類を用いた構法と鋼製の接合金物を用いて接合部の強度とねばりを高める構法をもっと普及させるべきと考えている。(1995年4月)

3.5 1995年阪神大震災：地震被害と耐震規定の歴史

　阪神大震災の被害が想像を絶するほどの大被害となった点について、耐震規定の歴史から考えてみたい。

　1923年関東大震災の翌年、当時の建築基準である市街地建築物法に世界で初めて設計用の水平震度を0.1以上とする規定が加えられた（この震度に建物の重量を乗じると地震力が求められ、震度1.0は重力加速度$1.0\,g$に相当する）。その後、第2次世界大戦中の建設資材の有効利用のため、構造材料の安全率が1/2程度に引き下げられたが、地震に対する安全性については、それ以前と同程度とするため、設計震度が2倍の0.2(g)へ引き上げられた。これが第2次世界大戦後の1945年に制定された建築基準法に引き継がれた。

　1924年に震度0.1と定められたのは、地面の加速度は$0.3\,g$程度であるが、建築材料の安全率が3程度あるので$0.1\,g$としたといわれている。しかし、地震学の初期では、感度のよい地震計を作り、地球の反対側で起きた地震さえ記録することに重点がおかれていた。このため、関東大震災の時には、地震計の針が振り切れてしまい完全な記録は得られなかったのである。

　一方、構造物に対しては近くで起きる地震の大きな揺れほど影響が大きい。このため、強い揺れを記録する強震計が造られ、徐々に大きな地震動の性質が判ってきた。このようにして、1981年から施行されている現行の耐震設計法（新耐震）では大地震のときの地表での水平加速度を$0.3～0.4\,g$と想定している。

　さて、阪神大震災の際、神戸市中央区の海洋気象台における加速度は$0.8\,g$以上であった。このため、「関東大震災時の2倍という予想以上の地震力が作用したので構造物が崩壊した」との説明もされているが、正確な記録が得られなかった関東大震災の2倍という説明には納得できないであろう。また、1993年釧路沖地震では加速度が$0.9\,g$を越えた記録が得られ、その時は、「どうして大きな加速度が生じたのに被害が少なかったか」が話題となり、その理由も完全に解明されていない。世界で最も進んだ日本の耐震技術とはいっても、まだまだ未知の点が多くある。

3.5　1995年阪神大震災：地震被害と耐震規定の歴史

表 3.2　大地震とその後の対応

大地震	地震後の対応
1880 横浜地震	1880 日本地震学会設立
1891 濃尾地震	1892 震災予防調査会発足
1923 関東大震災	1924 耐震規定（水平震度 0.1 以上）
1968 十勝沖地震	1971 鉄筋コンクリート造柱の せん断補強の強化
	1972〜1977 新耐震設計法の開発
1978 宮城県沖地震	1981 新耐震設計法の施行
1995 阪神大震災	1995 形状係数の変更
	1995 耐震改修促進法の施行
	2000 限界耐力計算の導入

　最後に、表 3.2 を見ていただきたい。地震に対する対策などはほとんど全て、大地震の後に行われている。地震がしばらく起こらなかったり、起こっても被害が生じなければ、対策の効果が分からない。このため、「地震対策よりももっと優先するものがある」との意見に押され、残念ながら、地震の直後くらいしか、地震対策が注目されないのが現実である。

　世界の平均から見ると、日本では頻繁に被害地震が起こっている。それでも、同じ場所で大地震が起こる再現期間は数百年、数千年、いや数万年の場合もある。もっと頻繁に起こるのであれば、対策を取らざるを得ないが、せいぜい百年程度の寿命の人間にとって、ごく稀に起こり、その時はとてつもなく大きい地震に対する最善の対策はどうあるべきであろう。

　全ての建造物を直下の大地震時に対し、無傷ですませるには経済的に無理である。今後、何らかの新たな地震対策が取られるであろうが、大規模な建築物のみではなく住宅のような小規模な建物にも、そしてこれから建築されるもののみではなく既存のものにも適切に対応できるものを期待している。
(1995 年 6 月)

3.6　1995年阪神大震災：建物の崩壊パターン

阪神大震災による建物の被害は種々様々であった。木造住宅では、2階部分によって1階部分が押し潰されたような被害が多かった。中高層建物では1階部分が崩壊したものが極めて多数あったが、中間階が崩壊したもの（図3.7）も目立った。これらの崩壊パターンについて考えてみよう。

地震によって建物が揺れる（振動する）とき、上下方向については建物に余力が十分ある場合が多く、水平方向について問題となるのが通常である。建物が剛体として地面と水平方向に同一の動きをするならば、図3.8のaのように地震力（震度）は建物の上から下まで一様に分布する。この建物に作用する地震力は、上階から下階へ順次伝達され、最終的には地盤へと伝達される。このため、建物の各階に作用する地震層せん断力は図3.8のdのように、建物の上から下へと直線的に大きくなる。このような地震力の分布を (1) 震度一様分布という。

しかし、建物は剛体ではなく、上部の方ほど揺れが大きくなる。建物の揺れが、図3.8のbのように逆三角形とすると、地震力もそのように作用する。そして、上階から下階へと伝達される地震層せん断力は、図3.8のeのよう

図 3.7　中間層崩壊の被害例

(1995 年阪神大震災)

3.6 1995年阪神大震災：建物の崩壊パターン

	(1) 震度一様分布	(2) 震度逆三角形分布	(3) $\sqrt{\alpha}$ 分布
地震力（震度）の分布	a	b	c
地震層せん断力分布	d	e	f

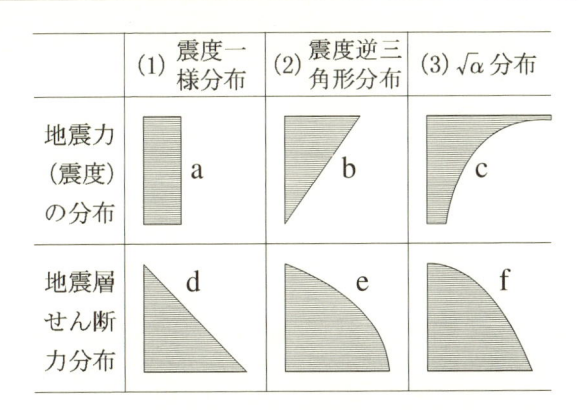

図 3.8　地震力と地震層せん断力

に、放物線を横にした形となる。これが通常の建物の地震力の場合に近く (2) 震度逆三角形分布と呼ばれる。

さらに、建物が高層になると、建物の頂部が鞭の先のように大きく揺れるホイッピング（鞭振り）現象が生じる。この現象によって建物頂部のペントハウス（塔屋）や水槽などが被害（図 2.14）を受けることもよくある。この場合の地震力は図 3.8 の c のように、建物の頂部で非常に大きくなり、地震層せん断力は図 3.8 の f のように頂点が上の放物線となる。建物のある階以上の重量を建物全体の重量で除した値を α で表すと、地震層せん断力が $\sqrt{\alpha}$ に比例した形となるので、これを (3) $\sqrt{\alpha}$ 分布と呼ぶこともある。（なお、地震力の分布は $1/\sqrt{\alpha}$ に比例する。）

上述の (1), (2), (3) いずれの場合も、建物に作用する地震層せん断力は 1 階で最大となる。さらに、1 階を駐車場や店舗に用いると、地震に対する 1 階の強度が他の階よりも小さくなることが多い。このため、地震被害として 1 階の崩壊が起こり易いことはすぐに理解できるであろう。

さて、1981 年から施行されている新耐震設計法では (1)〜(3) の三つの場合の地震力を組み合わせて、設計用地震力の分布が決められている。すなわち、建物が低層の場合は (1) の場合に近似し、建物が高層になるにつれて (2) と (3) の影響が次第に大きくなる。しかし、新耐震設計法以前の規定では、設計用地震力の分布にはほとんど (1) の場合のみを取り入れ、結果的には建

物の上部が大きく揺れることを考慮していなかった。これが、建物の中間階で崩壊が生じた理由の一つであろう。事実、新耐震設計法以降の建物には中間階の崩壊はほとんど見あたらない。

その他、建物の上階で、柱の断面を小さくする・コンクリートの強度を下げる・鉄骨鉄筋コンクリートを鉄筋コンクリートにする（これらは力学的にも経済性から見ても当然の手法であるが）、この結果として生じた構造的不連続も中間層崩壊の原因であろう。

阪神大震災以前の地震被害では、建物の中間階のみに被害が生じることがほとんどなかったので、中間層崩壊という被害パターンが注目されている。しかし、忘れてはならないのは、1階部分の崩壊が圧倒的に多く、このために多くの方々が亡くなられたことである。（1995年8月）

3.7　1995年サハリン北部地震による建物被害

1995年5月28日、マグニチュード7.6のサハリン北部地震が発生した。この地震は、ロシア語で「石油の町」を意味するネフチェゴルスクで住民約3,000名のうち約2,000名が死亡という大惨事を引き起こした。死亡の最大の原因は5階建のアパート17棟の崩壊であった。この被害について、耐震規定と建物の構造の面から考えてみよう。

旧ソ連から引き継がれている耐震規定には、地震活動度を示す地図（図3.9）があり、その地域で予想される震度（日本の震度とは異なり最大12のMSK震度）を示している。サハリン北部では、1949年当初は地震活動度7とされていたが、経済活動を優先させるため1958年に地震活動度を6に引き下げた。しかし、この規定緩和は、単に地震活動度が1低減されたのではなく、耐震規定を守る必要がなくなったことを意味した。なぜならば、耐震規定は地震活動度7以上の地域に適用され、地震活動度6以下の地域では耐震規定を守る必要がないからである。その結果、事実上は地震活動度0と同じことになり、耐震設計が行われていない建物が多数建設された。地震で崩壊したアパートもこの種の建物であった。

崩壊したアパートは大型ブロック造と呼ばれる型式のもので、縦横約2～3m、厚さ50cm程度のコンクリートブロックを積み重ねて造る（図3.10）。冬期間の寒さを考慮した厚いブロックは、積木のように積み重ねることができ、

3.7　1995年サハリン北部地震による建物被害

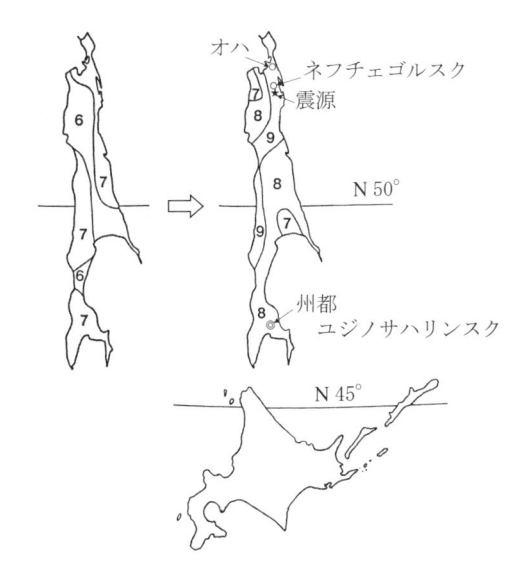

図 3.9　サハリンの地震活動度

これが耐震的には欠点となった。もちろん、ブロックは単に積むのではなく、部分的に溶接したり、雨水の侵入を防ぐためにも継ぎ目にモルタルが詰め込まれている。しかし、耐震規定が適用されない地域での接合は構造的に十分ではなく、これが主な原因で完全に崩壊してしまった。

なお、サハリン北部の地震活動度は1970年に再び7に引き上げられた（図3.9左）。さらに今回の地震によって8～9へと引き上げられることを予定している（図3.9右）。しかし、単に耐震規定を強化してもそれ以前に建設したものに対しての対策は容易ではない。サハリン北部の主要都市オハにも、ネフチェゴルスクで崩壊した建物と同様な、ちょっとした地震でも壊れるような建物が数十棟もある。これらを取り壊すか、5階建の上階を取り除き2～3階建にするような計画が検討されている。いずれにしても新しい住宅を大量に建設しなければならず、経済的にも厳しい状態にあるロシア政府が極東の小さな島に対して、どのような対策を取るのか心配である。

サハリンは北海道とわずか43 km しか離れていない。また、第2次世界大

図 3.10 大型ブロック造による建設中のアパート
（崩壊したアパートとほぼ同じであるが、
耐震規定のため接合部が強化されている）

戦までの約半世紀はサハリンの北緯50度以下の南半分が日本の領土であった歴史がある。現在でも州都のユジノサハリンスクの街並は当時の面影が残されており、その他の町にも日本が建設した街並・建物・工場・鉱山・港湾が多く残っており、当時のまま用いられているものも少なくない。地震観測についてはすでに共同研究が始まっているが、建物の耐震対策についても日本の経験を生かし、隣人としてもっと協力できないものかと思っている。（1995年10月）

3.8 気象庁の震度階級の改正

阪神大震災から1年が経過し、その被害の様相や原因などが次第に明らかになり、その対策なども各方面で始められている。このような動向の中で、気象庁の震度問題検討会は震度表示の改正を最終報告書にまとめた。

地震による地面の揺れの激しさを表すのが震度で、例えば震度5の強震などと発表されている。現行の震度階級は1949年から用いられている。当初は4階級であったが、改正により、人間には感じられず計器によってのみ記録される無感覚の震度0に始まり、震度1の微震、2の軽震、3の弱震、4の中震、5の強震、6の烈震と0から6までの7階級となった。さらに、1948

3.8 気象庁の震度階級の改正

表 3.3 新しい震度階級*

階級	人間の挙動†
0	人は揺れを感じない。
1	屋内にいる人の一部がわずかな揺れを感じる。
2	屋内にいる人の多くが、揺れを感じる。眠っている人の一部が目を覚ます。
3	屋内にいる人のほとんどが揺れを感じる。恐怖感を覚える人もいる。
4	かなりの恐怖感があり、一部の人は身の安全を図ろうとする。眠っている人のほとんどが目を覚ます。
5(弱)	多くの人が身の安全を図ろうとする。一部の人は行動に支障を感じる。
5(強)	非常な恐怖を感じる 多くの人が行動に支障を感じる
6(弱)	立っていることが困難になる。
6(強)	立っていることができず、はわないと動くことができない。
7	揺れにほんろうされ、自分の意思で行動できない。

* 実際には震度計で震度を決定する。
† これ以外に、屋内の状況、屋外の状況、建物の被害との関連も示す解説もある。

年福井地震の後、震度6の烈震より大きな揺れを表す震度7の激震が追加され現行の8階級となった。その後、震度7は一度も用いられずにいたが、阪神大震災において被害の最も大きかった地域に初めて震度7が用いられた。

震度階級は対数的であり、震度が1増加するごとに、地面の揺れは約3倍づつ大きくなる。表現を変えると、同じ震度でも地面の揺れが3倍も異なる場合がある。このため、今回の震度の改正は、もっときめ細かく震度を表示し、従来より被害予測が容易となり、素早い防災対応に役立つことを意図としている。結論として、震度6と震度5を強・弱にそれぞれ分け、全体として、震度0から7までを10階級に区分することを新年度から予定している。また、これまでは体感や被害状況から判断していた震度を、震度計で自動計測することになった。なお、同じ震度でも強弱に分けたことにより、混乱を

避けるために、強震などという表現が廃止されることになった。

一方、世界的には、10階級のロッシ・フォレル震度階(1883年)、震度0から12までの13階級に区分されている修正メルカリ震度階(1931年)、震度1から12までの12階級に区分されているMSK震度階(1964年)などが用いられている。このため外国の地震で震度何々であったと報道されても、日本の震度に換算すると、その数値の1/2程度の場合が多く、混同することもある。

さて、気象庁の今回の震度改正では、国際的な対応がこれまでと同様に全く考えられていないようである。0から7までの数値による震度表現が防災機関や市民の間に定着しており、それを変更することは混乱をもたらすというのが理由らしい。しかし、改正するのであれば、ユネスコの会議に提案されたが採決にはいたらず暫定的な国際震度階であるMSK震度を日本にも国際的にも受け入れられるものに改良し、それを新たな国際震度階として普及させるのがよいのではないかと考えている。そして、気象庁が全国に配置する予定の震度計を国際的なものとし、それと同じ震度計を国際協力の一環として各国に配置し、日本のみならず世界の地震防災に役立ててはいかがであろう。

国連は1990年からの10年間を「国際防災の10年」として提唱している。この際、日本が率先して国際的な震度を用いるべきと思っているが、無感・微震・軽震・弱震・中震・強震・烈震・激震という(この順序に納得できない部分もあろうが)人間の感覚を表現した用語が全く用いられなくなるのもちょっと寂しく感じている。(1996年2月)

3.9 「新耐震」と阪神大震災

現行の耐震規定は建築基準法施行令の改正により1981年から用いられている。改正当時は、長年用いられていた耐震規定を新たにするということで「新耐震設計法」または「新耐震」と呼ばれ、15年経過した現在でもこのように呼ばれている。

「新耐震」の目標は、(1) 中小地震動に対しては建築物の被害は軽微、(2) 大地震動に対しては建築物の崩壊を防止し人命の安全を確保する、の二つである(図3.11)。すなわち、大地震動時には、ある程度の被害を許容しても、

3.9 「新耐震」と阪神大震災

```
中小地震  :  被害軽微
大地震   :  崩壊防止・人命保護
```

図 3.11 「新耐震」の目標

崩壊はくい止め、たとえ負傷しても命にかかわることのないことを目標としている。建築物の使用期間中に大地震動に遭遇する確率は小さく、数百年〜数千年に一度起こるかもしれないような大地震動に対して、全ての建築物を無傷ですませることは経済的にも成立せず、世界各国の耐震規定もほぼ同様な考え方をしている。

この目標を達成するため、次の 5 つの設計手法がある。

(1) 構造規定：構造部材の最小寸法、鉄筋コンクリート造の最小鉄筋量など、構造計算にかかわらず、すべての建築物に適用される。

(2) 許容応力度設計：中小地震動によって生じる建築物各部の応力度が許容限度を超えないことを確認する。

(3) 層間変形角：地震動による建築物の変形によって仕上材などが大きな被害を受けないようにする。

(4) 偏心率、剛性率等：地震動によって建築物の一部が大きく振動し、その部分に被害が集中することを防ぐ。さらに、適切な強度と粘りを有するようにする。

(5) 保有水平耐力：建築物の崩壊時の耐力を計算し、大地震動に対する安全性を確認する。

しかし、この 5 つの設計手法を全ての建築物に対して用いるのではなく、設計に要する費用や時間を勘案し、建築物の規模や高さに応じて適宜組み合わせて用いる。

さて、「新耐震」以降、建築物の地震被害はそれほど大きくなく、「新耐震」によれば耐震性が十分確保できるであろうと考えられてきた。しかし、阪神大震災では、「新耐震」による建築物でも、かなりの被害を受けたものもあり、「新耐震」を見直す動向も生じている。この点について感じていることをまとめてみたい。

(a) 「新耐震」は確かに建築物の耐震性を向上させたが、それでも被害を受けた建築物が少なからずある。しかし、耐震規定を一律に強化するのではなく、被害の原因を確認し、その部分の強化に止めるべきであろう。なぜなら、「新耐震」による建築物のほとんどは被害軽微で、また世界的に見ても「新耐震」は最も厳しい規定であるからである。

(b) 新耐震以前の建築物でも十分な耐震性を持っているものが多いことを考えると、単なる構造計算や構造規定よりは、力の流れを考慮した構造計画に基づく適切な設計と良好な施工が最も大切である。

(c) 古い建築物ほど被害が大きかったことを考えると、既存建築物の耐震性向上が非常に重要である。「建築物の耐震改修の促進に関する法律」が1995年末に施行されたが、この法律の理念に基づき、着実な既存建築物の耐震診断・耐震補強が今後の大きな課題である。

(d) 「新耐震」に対して以前から指摘されている意見*と阪神大震災の教訓を踏まえ、将来の耐震規定を考えるべきである。

(e) 最後に、死者のほとんどが木造住宅の崩壊による圧死である。建築基準法上は構造計算の必要がないような小規模の建築物に対して、建築士や建築構造技術者の関わりをもっと深めるべきと考えている。(1996年4月)

3.10 1999年コロンビア・キンディオ地震

1999年1月25日に南米のコロンビアで発生した地震はマグニチュードが6.2で、人口27万のアルメニヤ市や近隣市町村の建物や道路に大きな被害を及ぼし、約1,200名が犠牲となった。文部省の突発災害調査団の一員として現地を訪れたので、地震被害などについて紹介したい。

コロンビアは図3.12の左上に示したように南米大陸の北西端に位置し、日本と比べると国土は約3倍、人口は約1/3である。主な産業は、コーヒー、石炭、石油、エメラルドである。日本と同様に地震と火山の多い国で、特に太平洋側の地震活動が活発である。震央は図3.12の星印の位置で、その県名をとってキンディオ地震と命名されている。

---

* 新耐震を振り返ってみて、(社)建築研究振興協会「建築の研究」No.59〜No.70 (1987.2〜1988.12)

3.10 1999年コロンビア・キンディオ地震

図3.12 南米大陸とコロンビア
（Cがコロンビアで星印が震央）

　被災地の建物は鉄筋コンクリート造のものが多い。しかし、鉄筋コンクリート造といっても、日本と比較すると柱・梁（はり）の断面は小さく、また補強鉄筋も少ない。さらに、内外壁は煉瓦（れんが）造で、補強鉄筋は全く入ってない。それでも、柱・梁が一体となってラーメン構造となっているものは上等な部類で、柱・梁の全くない無補強の煉瓦造も多く、被害の原因が建物の構造的欠陥にあるのは間違いない。もっとも地震動も大きく、震源から13km離れた地表での最大水平加速度は580ガルと記録された。（ちなみに、1995年阪神大震災の際に神戸海洋気象台で記録されたのは818ガルであった。）

　耐震性の乏しい建物が多い原因として、1984年につくられた耐震規定が、法ではなかったことがある。それでも被害建物の多くは古いもので、新しい建物は比較的軽微な被害であり、強制的ではなかったが耐震規定の効果が表れているようである。その後、この規定は改定され、1998年には法として制定されたので、これから建てられるものの耐震性は大幅に向上するに違いない。図3.13は改定された地震地域区分マップを示し、⑥〜⑨の地域では日

74   第3章 地震・耐震について

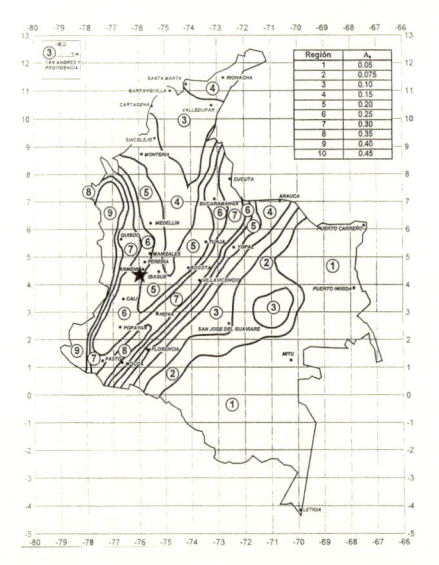

図 3.13 コロンビアの地震地域区分マップ
(星印がキンディオ地震の震央)

本とほぼ同程度の設計用地震力を用いている。最大の被害を受けたアルメニア市は⑥の地域に位置している。

さて、当然のことであるが、耐震規定を制定したり強化しても、既存建物の耐震性が向上するわけではない。今後の課題として、既存建物に対する対策が重要である。しかし、コロンビアが南米諸国の中では経済的に比較的恵まれているとはいえ、既存建物の診断・補強を行う余裕はあまりなさそうである。

日本からの協力が期待されるところであり、耐震診断・補強の技術面では日本の実績は十分ある。特に阪神・淡路大震災以降に多くの建物の耐震診断が行われている。しかし、実際に耐震補強が行われたのはまだわずかで、それもほとんどが公共の建物である。民間の建物についてはまだまだで、その原因が経済的な面にあることを考えると、この面での日本の協力には期待できそうもない。既存建物が建て替えられる際に耐震規定が守られ、街全体の

耐震性が向上するまでは、大きな地震が起こらないようにと願うのみである。
(1999年6月)

3.11　1999年トルコ大地震－被害の原因と教訓

　1999年8月17日、トルコ北西部に発生した地震は、死者1万2千人以上、負傷者3万人以上、被害を受けた建物10万棟以上という大惨事を引き起こした。被災地の調査を直接行ったわけではないが、報道記事などからこの地震について考えてみたい。

　この地震を引き起こしたのはトルコのほぼ全土を東西に横断する長さ約千kmの北アナトリア断層で、1939年以来東から順に断層がずれ、その度に大地震が発生している。今回はまだ断層が動いていなかったいわゆる地震の空白域で大地震が発生した。この空白域は地震学者から注目されていて、日本の地震学者も協力して調査を行っていたところである。

　トルコの耐震基準は1945年に作成され、その後、数回の改正を経て、1997年の改正で設計用地震荷重は日本と同程度の大きさとなった。しかし、旧基準で建設された建物が圧倒的に多く、また違法建築が多いことを考えると、耐震基準がほとんど役に立っていなかった可能性がある。

　建物の構造形式については、鉄筋コンクリートの柱と梁（はり）で構成される骨組みに壁として煉瓦（れんが）を積んだ工法が多い。この工法が必ずしも悪いわけではないが、柱・梁の断面積や補強鉄筋量は十分ではなく、コンクリートの品質もあまりよくなかったようである。さらに、煉瓦壁の部分には補強鉄筋が全く入っていなかった。このため、地震時にひび割れが生じた煉瓦が骨組みからはずれて落下し、柱のみで建物を支えることができず崩壊に至っている。建築基準が守られてこなかった他に、このような工法の建物が多かったことが致命的な欠陥となり被害を一層大きくしたと考えられる。

　このように大被害の原因は比較的明確である。このため現地では、地震発生が予想されていたにもかかわらず対策がされなかったことや違法建築を黙認してきたこと、さらには災害直後の対応の遅さなどに対して、政府に批判が向けられているようである。

　大地震が発生し多くの人命が失われた直後には、報道機関がやり場のない悔しさや怒りを政府への非難として向けるのは仕方がないのかもしれない。

しかし、トルコ政府の責任はもちろんであるが、現地の報道機関が地震発生以前に地震対策や違法建築にどのような報道を行ってきたのであろう。

耐震対策は短期にできるものではなく、少なくとも数十年を要する。耐震基準については、世界各国の基準を参考にすれば立派な基準を作成するのはそれほど難しくはないであろうが、それを遵守(じゅんしゅ)し新しい建物を数十年建設し続けなければ、その街の耐震性は向上しない。既存の建物についても単に建て替えを待つのではなく耐震補強が必要である。このような方策は技術的には可能であるが経済的な面での制約が多く実行は容易ではない。これから建設する建物を耐震的にするための経済的な負担はそれほど大きくないが、既存建物の耐震診断・補強は日本でも十分行われていないのが現状である。

日本では阪神・淡路大震災後に高まった防災意識が下火になり、最近ではほとんどの人が何も対策をしていないという総務庁のアンケート結果が報告されている。トルコ大地震についても、日本国内の新聞・ラジオ・テレビなどで1週間は大きく報道されていたが、2週間も経過すると関連記事はほんのわずかとなってしまった。

地震直後は人命救助が最優先されるのは当然であるが、そのような状況にならない対策を行わなければ、同じことが大地震の度に繰り返されるだけである。よい耐震基準をつくり、それを常に改善し、それを遵守し、これを数十年間継続しなければ街全体の耐震性は向上しない。これからの地道で息の長い対策についてトルコ政府や報道機関の今後の対応に注目するとともに、日本の経験を生かした協力ができるように期待している。そして、日本でも阪神・淡路大震災をはじめ多くの災害を忘れないようにと思っている。(1999年10月)

3.12　「大地震の度に大被害」を考える

1999年は1月にコロンビア・キンディオ地震、8月にトルコ・コジャエリ地震、9月に台湾・集集(チーチー)地震と大地震が発生し大被害が生じた。その他にもメキシコやギリシアで被害地震が生じた。このように、大地震が起こる度に大被害が生じる原因について耐震設計の考え方から考察してみたい。

建物には常に重力による荷重が鉛直下向きに作用している(図3.14のW)。

3.12 「大地震の度に大被害」を考える

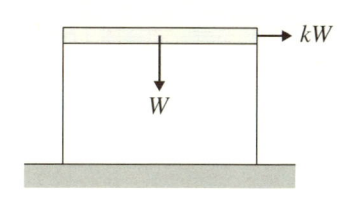

図 3.14 建物に作用する重力による荷重 W と地震荷重 kW

もし、この荷重を支えることができなければ建物はすぐに壊れてしまうので、人間は昔から重力に耐えるように工夫しながら構造物を造ってきた。ところが、地震時には地面が激しく複雑に揺れ、これによって建物には新たな荷重が加わる。これを地震荷重といい、鉛直方向にも水平方向にも生じるが、鉛直方向については建物の耐力に余裕があるので無視しても差し支えない場合が多い。

一方、建物に水平方向の荷重が作用することは地震や台風の他はほとんどないため、水平荷重をあらかじめ考慮しない建物は地震時に容易に崩壊してしまう。このため柱を丈夫にしたり筋かいや耐震壁を入れたりするが、柱の大きさなどは重力ではなく地震に耐えるようにするために決まってしまうので、地震の建築構造への影響は非常に大きいのである。

地震荷重は建物の重量に対する比で表すのが一般的でこの比を震度という。水平震度を k とすると建物に作用する地震荷重は kW となる (図 3.14)。この水平震度を法律で初めて規定したのは日本で、1923 年関東大震災の翌年に当時の建築基準に「水平震度を 0.1 以上とする」という条項を加えた。水平震度を 0.1 と決めたのは、地震時の地面の揺れを震度で表すと約 0.3 (重力加速度の 0.3 倍)、構造材料の許容応力度には約 3 倍の安全率があるので、$0.3 \div 3 = 0.1$ としたのである。第 2 次世界大戦後には、地震に対する許容応力度を 2 倍としたので、それに伴い水平震度も 2 倍の 0.2 となった。

その後、地震計の発達により大地震の地面の揺れが正確に記録され、それによる建物の揺れも実際に記録されたり、コンピュータの発達に伴い解析できるようになってきた。その結果、大地震の地面の揺れは水平震度 0.3 よりもっと大きく、時には 1.0 を越えることもあり、また建物は地面の 3 倍も大

きく揺れることなどが次第に分かってきた。しかし、数百年〜数千年に一度起こるかも知れない大地震に対して建物を無被害ですませることは経済的に不可能に近い。また、小さな地震荷重で設計した建物でも大地震で全て壊れるわけではない。これは、建物の耐力には計算外の余力があることや、多少壊れても粘りがあると崩壊には至らないからである。

このような理由により、現在の耐震設計では、中小地震に対しては被害がほとんど生じないよう、大地震に対しては多少の被害を許容するが崩壊は防ぐという考えをしている。この考え方は耐震基準の中で、地震荷重を建物の粘りによって低減する係数によって取り入れられている。例えば、日本では粘りが大きい建物では地震荷重を1/4に低減し、米国では1/8にも低減している。世界的には米国の基準に倣（なら）って耐震基準を作成している国が多く、1999年に大被害を被ったコロンビア、トルコ、台湾も米国の基準に倣っている。設計用の地震荷重を大きくすると当然建設コストは増加するが、多くの人命が失われている現状を見ると、多少コストが増加しても米国の基準ほど地震荷重を低減すべきではないし、日本の基準でも十分ではない場合があると思っている。(1999年12月)

3.13　「耐震設計の考え方」をもう一度

「大地震の際には構造物にある程度の被害が生じてもやむを得ない」という考えの基に耐震設計ができていることを前節で述べた。この点について、もう少し考えてみたい。

耐震設計で最も基本となるのが、地震動の大きさであろう。地震動は地震計で計測するのが一般的であるが、地震学の初期の頃はできるだけ感度のよい地震計を作り、地球の裏側で生じた地震でも検知できることに重点がおかれていたようである。その結果、大地震時には地震計が壊れてしまい、地震動を記録することができなかったのである。例えば、1923年関東大震災の大きな地震動は、最初の部分のみが記録されただけであった。

このため、大地震動でも記録できる地震計（強震計）の必要性が認識されるようになり、末広恭二地震研究所長は1931年に米国で講演を行った際、強震計の重要性を述べた。米国は即座にその提言を取り入れ、強震計を作り各地に設置した（なお、日本で強震計の設置を始めたのはその約20年後である）。

3.13 「耐震設計の考え方」をもう一度

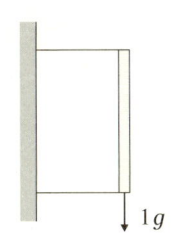

図 3.15 建物に作用する $1g$ の力

そして、米国カルフォルニア州で起きた 1940 年インペリアル地震の際に有名なエルセントロ波が記録されたのである。この地震波は耐震設計などに世界中で用いられており、日本でも超高層建物の動的解析に現在でも必ず用いられている。

エルセントロ波の最大加速度は重力加速度の約 0.33 倍であった（重力加速度を g で表し $0.33g$ と表現する）こともあり、現行の耐震設計では大地震動の大きさを $0.33 \sim 0.4g$ と設定している。しかし、これ以上の最大加速度はその後たびたび観測されている。例えば、1993 年釧路沖地震の時に $0.9g$、1995 年阪神淡路大震災の時に $0.8g$ が記録されている。最大加速度が必ずしも被害の大きさに比例するわけではないが、現在の耐震設計で想定しているより、かなり大きな地震動が起ることが徐々に分かってきている。

さて、地震動を受けると建物は地面よりも大きく揺れ（これを応答という）、壊れなければ建物の応答は地面の 3 倍以上にもなる。地震動の加速度を $0.33 \sim 0.4g$ とし応答倍率を 3 とすると、建物の加速度応答は $1g$ 以上にもなる。$1g$ の水平力とは、建物を真横にしたときの重力による力に相当する（図 3.15）。もちろん実際に建物を真横にするとほとんどの建物は壊れてしまうが、地震力はずっと作用しているわけではなく、大きくなったり小さくなったり、また右からも左からも作用する。このため、建物が部分的に壊れても崩壊を免れることが多いのである。

部分的に壊れても全体崩壊はしないような建物の挙動を粘り（靭性ともいう）と呼んでおり、現行の耐震設計では、この粘りに頼り過ぎているようである。例えば、粘りの大きい構造の場合の設計用の地震力（地震荷重）を、日本

では 1/4 に、米国では 1/8 にも低減している。

このようになった理由は、地震動の大きさも、またそれによる建物の応答も分からなかった時に、地震荷重を過小評価してしまったという歴史的な経緯にある。その後、地震荷重は少しづつ見直され、まだ十分ではないが当初よりはかなり大きくなったが、それでも粘りという比較的あいまいな特性に大きく頼らなければつじつまが合わなくなっている。

全てが解明されたわけではないが、地震動やそれによる構造物の挙動がかなり分かってきた現在、世界的に地震荷重を見直し、大地震の時でも構造物の崩壊を防ぎ、多くの人命が失われるようなことがないようにすべきと思っている。(2000 年 2 月)

3.14 国際地震工学会 (IAEE) とその世界大会 (WCEE)

2000 年 1 月 31 日から 5 日間ニュージーランド(オークランド)で第 12 回世界地震工学会議が開催された。阪神大震災から 5 年経過し、地震に対する関心の低下と景気の低迷で、日本からの参加者は少ないのではとの危惧(きぐ)もあったが、参加者約 1,900 名のうち 700 名以上が日本人であった。会議中には、1999 年トルコ地震と台湾地震についての報告もあり、口頭やポスターによる発表、討論と非常に活発で有意義な会議であった。

世界地震工学会議(WCEE : World Conference on Earthquake Engineering)は、壊滅的な被害をもたらした 1906 年サンフランシスコ地震から 50 年経過した 1956 年に米国(サンフランシスコ)で開催された。当初は会議の定期的開催を考えていなかったので第 1 回とはいわなかった。しかし、この会議が非常に好評であったことと、世界的な規模で会議を行うことの重要性が認識され、4 年後に日本(東京・京都)で第 2 回が開催された。その後、ほぼ 4 年毎に WCEE が開催されている。第 3 回から第 11 回までの開催地は、ニュージーランド(ウェリントン)、チリ(サンチャゴ)、イタリア(ローマ)、インド(ニューデリー)、トルコ(イスタンブール)、米国(サンフランシスコ)、日本(東京・京都)、スペイン(マドリッド)、メキシコ(アカプルコ)であった。次回は 2004 年にカナダ(バンクーバー)で開催される予定である。

3.14 国際地震工学会 (IAEE) とその世界大会 (WCEE)

図 3.16　12WCEE の開会式

開催地の決定は会議中に行われる国際地震工学会 (IAEE : International Association for Earthquake Engineering) の総会で行われる。WCEE に参加していても IAEE のことを知らない人が多いようであるが、WCEE は IAEE の世界大会であり、WCEE と IAEE は、例えばオリンピックと国際オリンピック委員会 (IOC) のような関係になる。

さて、開催地が決まるとすぐに国内実行委員会が設けられ、4 年間にわたって計画から実施まで全てを行うことになる。一般の参加者はこの間の苦労などを実感することなく、非常によくアレンジされた会議に出席し、研究発表や講演・討論などを通じて非常に貴重な情報と知人・友人を持つことができる。会議の経費は参加者からの登録料のみでは不充分で、開催国内の企業などからの寄付にも依存している。

IAEE には現在 53 か国が加盟しており、その中央事務局は発足以来ずっと日本にある。加盟国には途上国も多く、会費などは徴収していない。IAEE の最大の活動である WCEE への参加者は多いが、これによって IAEE が財政的に潤うことはない。IAEE は世界の耐震規定をまとめた World List を 4 年毎に出版しているが、これも出版経費に見合うほど購入されないのが現状である。このようなことから、IAEE の中央事務局は財政難に直面している。

12WCEE の総論文数約 1,800 のうち約 590 編は日本からで、もちろん 1 位 (次は米国の約 230 編) である。これほど多くの日本人が WCEE に参加し

ているにもかかわらず、日本にあるその中央事務局が財政難とは恥ずかしい限りである。

これを書いているうちに、「日本は応用研究のみ行い経済大国となる一方、基礎研究にはただ乗りしている」と非難されたことを思い出した。

WCEE に参加するのみではなく、IAEE の日頃の活動を認識し、多くの方々が中央事務局をサポートしている震災予防協会*の会員となってくれることを希望する。そして、世界各地で起こっている地震被害が示している地震工学に関する課題の解決に向けて、WCEE と共に IAEE が今後もスムーズに活動ができるようにと願っている。(2000年4月)

(その後、世界地震工学会議は2004年にカナダのバンクーバーで開催され、その次は2008年に中国の北京で開催されることになっている。日本では日本地震工学会が設立されたが、中央事務局とそれをサポートしている震災予防協会の財政難は依然として解決されていない。)

3.15　構造物の地震動に対する時刻歴解析

1998年の建築基準法の改正に伴い2000年6月にその施行令が改正され、高さ60mを超える超高層建物の設計に関する建設大臣告示も出された。この一連の改正によって、超高層から低層までの建物を、地震動に対する動的解析の一つの時刻歴解析によって設計できるようになった。この解析法は、1968年竣工の霞ヶ関ビル以来、超高層建物には長年用いられてきたもので、専門家にとっては特に新しいものではないが、ここで構造物の地震動に対する解析法について簡単にまとめてみたい。

日本では、関東大震災の翌年の1924年に市街地建築物法を改正し、世界に先駆けて地震力を建物に作用する水平力として考え、その大きさは建物の自重の0.1倍以上と規定した。このように構造物の自重に対して一定の割合（これを震度という）の水平力を地震力と考え、それに対して解析を行うのが「静的解析」（図 3.17a）である。

しかし、地震力は一定の震度で表されるほど単純ではなく、地震動や建物の特性によっても変化する。このため、地震動による建物の挙動（これを地震

---

* Tel.03-3457-7453

3.15 構造物の地震動に対する時刻歴解析

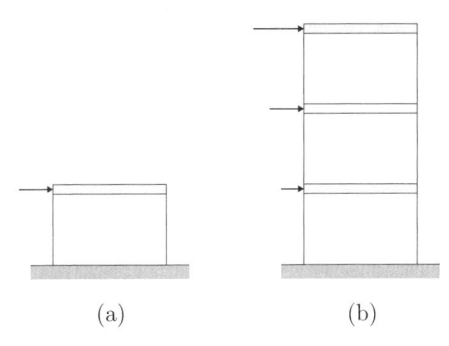

(a)　　　　　(b)

図 3.17　(a) 静的解析と (b) 等価静的解析

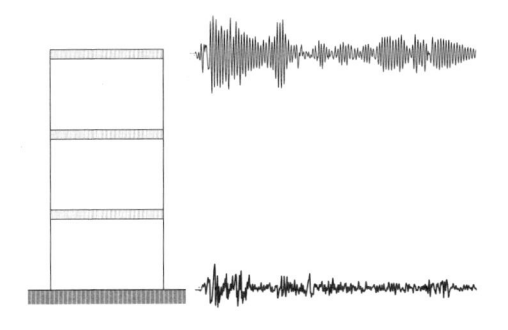

図 3.18　時刻歴解析
(上が建物の加速度応答の時刻歴、
下が入力地震動の加速度時刻歴)

応答という)を考慮し地震力を定め、それを外力として解析を行うのが「等価静的解析」(図 3.17b) である。日本をはじめ世界中の耐震規定で最も多く採用されているのがこの解析法である。

さらに、地震力を単なる外力として考えるのではなく、地震動と建物の特性を考慮し振動解析を行うのが「動的解析」で、その中の一つに「時刻歴解析」(図 3.18) がある。

時刻歴解析は、建物を運動方程式で解析できるようにモデル化し、それに地震動を入力し、時間的に時々刻々と応答の変化を計算する。途中で、建物

が壊れはじめると、その壊れた性質を運動方程式に取り入れ計算を継続することができる。このように時刻歴解析は、他の動的解析と異なり、建物が崩壊に至るまでの全過程を計算できる点に特徴がある。(動的解析には「応答スペクトル解析」もあるがこれについては改めて紹介*したい。)

時刻歴解析はコンピュータがなければ実際には計算が不可能である。また、このような解析法は理論的には目新しいものではないので、理論が進歩し新しい解析法を生み出したのではなく、コンピュータの普及によってこのような解析が実用的になったといえる。

このような解析法が構造設計の実務に取り入れられるようになったのは歓迎すべきであるが、精緻(せいち)な解析が可能になったからといって必ずしも構造的に優れた建物ができるわけではない。(財)日本建築センターの電算プログラム評定書には全てのプログラムに対して「電子計算機の利用を設計業務の中に取り込むことは、いかに多様な機能を有するプログラムを用意したとしても、建築物の構造性能を向上させる手段では無いことを十分留意することが必要である。」と書かれている。

コンピュータによる解析は、あくまでも設計の補助手段で、どのような建物を造るかの判断は人間(設計者)であることを忘れないようにしたい。(2000年8月)

3.16 建物はいつでも同じ周期で揺れる!

地震時に構造物が揺れる時には、その構造物固有の周期で振動するという性質がある。例えば、図3.19の下の波形は30秒間の地震動による建物1階の水平加速度を表しており、上は最上階(9階)の加速度で、縦軸の加速度の単位はガル(cm/s^2)である。1階の動きはギザギザが多く複雑であるが、9階では揺れが大きく、ほぼ同じ間隔で山と谷が繰り返されていることが分かる。この場合は山と山の間がおよそ1秒で、これが固有周期と呼ばれるものである。

地震動の大きさやその継続時間によって、建物の揺れ方はもちろん変化するが、固有周期で振動するという特徴は変わらない。これが「固有」といわ

---

* 次の3.16節参照。

3.16 建物はいつでも同じ周期で揺れる！

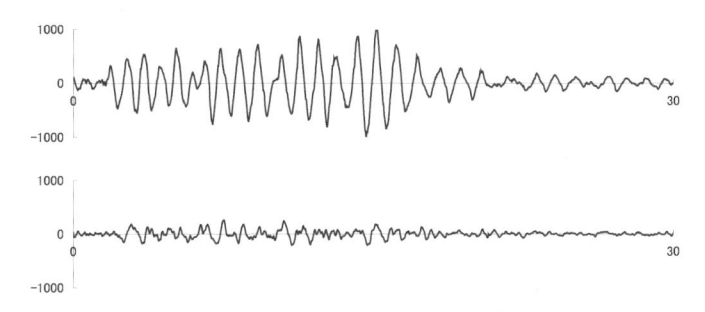

図 3.19　地震時の 9 階建の建物の最上階と 1 階の加速度
(1978 年宮城県沖地震)

れるゆえんである。建物の固有周期は階数とほぼ比例しており、建物の階数に 0.1 を掛けるとおよその固有周期が秒で求まる。例えば、2 階建の住宅の固有周期はおよそ 0.2 秒、10 階建のビルは 1 秒、50 階建ての超高層は 5 秒となる。

楽器のバイオリンに例えると、ある弦で押さえる位置を決めると、誰が弾いても同じ高さの音になる。この音の高さが固有周期に相当する。音の周期は短く、数十分の一秒から数万分の一秒となるので、周期の代わりに 1 秒間に何回振動するかを表す振動数で表現する。例えば、音叉 (おんさ) のラの音は 1 秒間に 435 回振動する (435 ヘルツ (Hz) と表す)。音の強弱は振動の大きさ (振幅という) に関係するのは説明の必要がないであろうが、実は音の高さは一番低い振動数のことである。また、同じ高さの音であっても楽器によって音色が変わったり、弾き手の上手下手や楽器の善し悪しによっても音色が変わるのは、一番低い振動数の他に種々のより高い振動数が含まれているからである。

さて、建物が振動するときには図 3.20 に示すような色々な形状で振動し、これを振動モードと呼ぶ。各振動モード毎に周期も決まっており、これも固有周期と呼ぶ。一番大きくゆっくりと揺れる場合を基本 (または 1 次)、それ以降を 2 次、3 次・・・と呼ぶ。音の高さに相当するのが基本周期で振動するモードで、音色に相当するものを生じさせるのが 2 次以上の高次振動モードである。

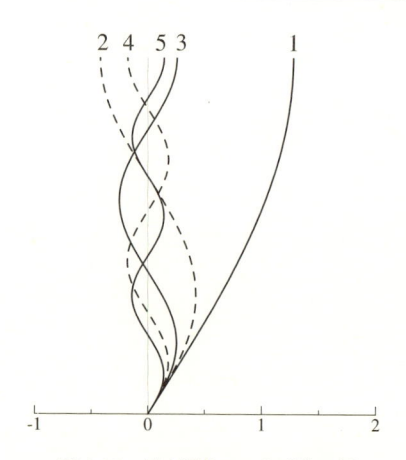

図 3.20 固有振動モード形状の例
(実線は 1, 3, 5 次、破線は 2, 4 次モード)

地震時に、建物はその各固有モードの形状とその周期が組み合わさって複雑に振動するが、図 3.19 の上の波のように基本 (1 次) モードが一番支配的となることには変りがない。

各振動モードとその周期を求め、それらがどのように揺れるかを調べるのがモード解析である。地震動の場合には、その性質を表す応答スペクトルから各モードの揺れを求める。これが 3.15 節で紹介した動的解析のもう一つの応答スペクトル解析である。なお、応答スペクトルについてはいずれ説明を加えたい。(2001 年 2 月)

3.17 地震時に物体が倒れる条件は？

地震時に物が倒れるという現象は一見単純であるが、解析しようとすると意外に難しい。これに関する最初の研究論文は今から 120 年程前に出されている。以後、多くの研究があるが、いまだ完全に解明されていない。私自身、今でも研究を続けているので、その一端を紹介したい。

床に置かれた物体を考えてみよう (図 3.21 左)。解析を簡単にするために、床面は水平、物体は幅 B で高さ H の角柱、両者共に剛体とし、平面運動のみ

3.17 地震時に物体が倒れる条件は？

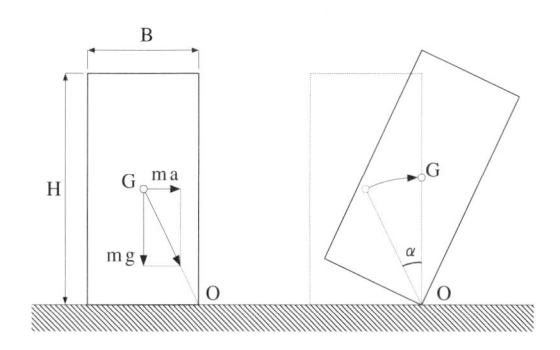

図 3.21 物体の転倒

を考えることにする。床に水平方向の加速度 $-a$ が生じると、質量 m の物体には慣性力 ma が生じる。物体には重力が作用しており、それによって mg（g は重力加速度）という力が下向きに生じている。ma と mg による合力は斜め下方向に生じ、a が大きくなり物体の底端部 O の外側にその合力が向くと物体は浮き上がることになる。この限界の加速度は次式となるのが容易に分かる。

$$a = \frac{B}{H}g \tag{3.1}$$

この式は West の式として知られ、静的転倒限界を示す基本的な式である。もし、この式以上の加速度が生じると物体が転倒するというならば、問題は全くなく、研究は終了ということになる。しかし、この式は物体が浮き上がる条件であっても、転倒するとは限らないことは明かである。

転倒するためには物体の重心 G が底端部の外側まで移動する必要がある（図 3.21 右）。このためには重心が持ち上がる、すなわち位置エネルギーが増加することになる。このエネルギーを換算し速度で表すと多少分かり易く便利な次式となる。

$$v \approx 25.6 \frac{B}{\sqrt{H}} \quad \text{（単位は cm、秒）} \tag{3.2}$$

（この式を導くのは多少面倒であるが、細長い角柱で長さの単位を cm、速度の単位を cm/秒とすると得られる。）

床に (3.1) 式以上の加速度が生じ、それがある一定時間以上継続し、その結果として生じる速度が (3.2) 式以上になると物体が転倒することになる。しかし、地震時の動きは単純ではなく、物体は左右に揺れ、それから転倒することが多い。このため、(3.2) 式ほど大きな速度でなくとも転倒し、振動実験や解析を行った結果から次のように (3.2) 式の約 0.4 倍の速度で転倒することが分かってきた。

$$v \approx 10 \frac{B}{\sqrt{H}} \quad (単位は cm、秒) \tag{3.3}$$

更に、(3.1)、(3.3) 式から三角関数の公式を用いて変位を計算すると次の式が得られる。

$$d \approx \frac{B}{10} \tag{3.4}$$

以上をまとめると、物体が転倒するには床の加速度が (3.1) 式以上、速度が (3.3) 式以上、変位が (3.4) 式以上となる必要がある。逆の表現をすると、転倒した物体から床（地面の上の物体の場合は地震動）の加速度は (3.1) 式以上、速度は (3.3) 式以上、変位は (3.4) 式以上であったと推測されることになる。

このようなことを 10 数年前に発表した。しかし、地震動は複雑で (3.1)、(3.3)、(3.4) 式以上となっても必ず物体が転倒するわけではない。このことを含め、今でも研究を続けている理由がいくつかあるが、その一つは実際の物体や床は剛体ではないため、最も基本となる (3.1) 式が成立しないことがある。この点を含め関連する問題については別途報告したいと思っている。(2001 年 4 月)

3.18 改定された地震荷重の ISO 規格

国際標準化機構 (ISO) の地震荷重に関する国際規格の改定版が公表されたので、その内容と関連する事柄などについて紹介したい。

構造物の設計法などは国際規格としては馴染まない、と考えている人も多いであろう。しかし、「構造物の設計の基本」"Bases for design of structures" を扱っている専門委員会 (Technical Committee：TC) TC98 は 1961 年に設立されている。

3.18 改定された地震荷重の ISO 規格

図 3.22 地震荷重の ISO 規格の表紙（英和対訳版）

TC98 には 3 つの分科会（Sub Committee：SC）があり、SC1 は「用語と記号」、SC2 は「構造物の信頼性」、SC3 は「荷重、外力とその他の作用」を扱っている。更に、SC の下にはいくつかのワーキンググループ（Working Group:WG）があり、国際規格作成の実質的な活動を行っている。ちなみに、ISO 全体で、TC が約 200、SC が約 600、WG が約 2,000 ある。

ISO 規格には全て通し番号が付けられており、地震荷重は ISO3010 である。初版は 1988 年にできたが、それまでには様々な困難があった。日本が中心となって作成した原案は各国から賛同が得られなく、活動を一時休止し、その後、故・大沢胖（ゆたか）先生（当時・東京大学地震研究所教授）、松島豊先生（筑波大学名誉教授）が WG の主査としてようやく取りまとめたのが 1988 年の初版である。ISO 規格は 5 年ごとに見直すことになっており（実際には守られていない場合も多い）、1995 年からは著者が主査となって見直しを開始し、2001 年 12 月に第 2 版が完成した（図 3.22）。

構造物に作用する外力などを一般に荷重（load）というが、TC98 では一般性を持たせるため作用（action）と呼んでいる。このため、ISO3010 の表題は "Bases for design of structures - Seismic actions on structures"「構造物の

設計の基本-構造物への地震作用」である。

作用は永続作用、変動作用、偶発作用に分類される。日本のように地震がたびたび起こっている地域では、地震作用を変動作用として扱うが、地震がほとんど起こらない地域では偶発作用と考える。

構造物に作用する地震力は、地面が揺れることによって構造物に生じる慣性力である。この時間と共に変動する慣性力を構造物に加わる(一般には水平方向の)ある一定の荷重として扱い、これを等価静的地震荷重と呼んでいる。これには、その地域の地震活動度、構造物の高さや粘り強さ(靭性)などが反映されている。

地震動によって構造物がどのように挙動するかを詳しく調べるため、モデル化した構造物に地震動を直接入力し、動的解析を行う場合もある。

近年、地震が生じても構造物の揺れを小さくし、被害を受けないようにする免震構造が徐々に用いられてきている。このような応答を制御する手法については、第2版で扱われるようになった。

あらゆる面における国際化という動向の中で、構造物の設計法なども国際規格として定められ、それを用いない場合は貿易に対する障壁と同じように批判されたり、何らかの外圧によって国際規格を使わなくてはならない状況になることが十分考えられる。そのような事態になっても慌てることなく対応できるように、個人としても、国や組織としても十分な準備が必要である。更に、このような動向に対して受け身になるのではなく、日本で培われてきた技術や経験をもっと積極的に世界に向かって発信すべきと思っている。
(2002年4月)

3.19 鉄筋コンクリート造建物の耐震補強例

1995年阪神大震災の死者は6,400名を越え、その多くは建物の倒壊が原因であった。このため、1995年12月に「建築物の耐震改修の促進に関する法律」が施行された。このいわゆる「耐震改修促進法」は、公共・民間を問わず既存建物の耐震診断を行い、地震時に被害を受ける可能性の高い場合には、耐震補強を行うことを推進するものである。

建物の耐震診断法は1977年に鉄筋コンクリート造について提案され、引き続き他の構造についても提案されている。しかし、実際に耐震診断が行わ

3.19 鉄筋コンクリート造建物の耐震補強例

図 3.23 被害を受けた建物に耐震壁を増設した例
（1995 年兵庫県南部地震）

れた建物はごくわずかである。阪神大震災以降は「耐震改修促進法」の施行により、全国で耐震診断が行われてるようになったが、公共建物が中心で、残念ながら民間の建物に対してはほとんど行われていない。また、実際に補強した建物は、更にその一部である。

耐震診断・補強は既存の古い建物全てに対して行う必要があるにもかかわらず、阪神大震災後の年月と共に忘れられているのではないかと心配している。このようなこともあり、今回は耐震補強の実例などを紹介する。

鉄筋コンクリート造建物の耐震補強は、鉄筋コンクリート造の壁（耐震壁）を増設する場合が多い（図 3.23）。増設した耐震壁によって大きな部屋が仕切られたり、窓が無くなったり小さくなったりする場合もある。これを避けるため、筋かいを用いる例が増えている（図 3.24）。柱を補強する場合もあり、柱とそれに接する壁の間に隙間（スリット）を入れて柱が損傷を受け難くする、柱の周りに鉄筋を配置しコンクリートを打ち太い柱とする、柱の周囲を鋼板で囲う、柱に炭素繊維シートを接着剤で巻き付ける（図 3.25）などの方法がある。

建物を基礎から切り離し、その間に積層ゴムや滑り支承など、いわゆる免震支承を設置し、免震建物とする場合もある。このようにすると、耐震補強が難しい建物や原型をできる限り保存する必要のある耐震性の低い歴史的な建物の耐震性を向上させることができる。

図 3.24　建物に鋼製筋かいを設置した耐震補強
（北海道大学工学研究科本館）

図 3.25　炭素繊維シートによる鉄筋コンクリート造柱の補強例

　補強費用は、建物の規模・構造・補強の程度などによって大きく左右されるが、耐震壁または筋かいを一か所設置するのに百万～数百万円のオーダーとなる。耐震補強をすると、部屋が小さく仕切られたり、窓が小さくなったりするなどマイナス面が生じる場合がある。マイナス面を補うためにも内外装の仕上げ材や空調設備などの改修工事と共に耐震補強を行うことが推奨され、個別に工事を行うよりコストが低減する効果もある。

建物の仕上げ材や設備機器などの寿命は構造部分よりかなり短いため、建物の構造は健全でも取り壊される場合がある。しかし、安易に建物を取り壊すのではなく、適切な改修を行い、可能な限り長年使用することが大切である。図 3.24 は北海道大学工学研究科本館で、当初は取り壊して高層建物を建設する計画であったが、内部改修と耐震補強を行い使用することになった。国の財政状況の悪化の中で、やむを得ない選択であったが、新築に劣らず快適な建物となり、環境にも優しいよい例であると感じている。(2002 年 12 月)

3.20 第 10 回を迎えた日米構造設計協議会

第 10 回日米構造設計協議会が 2003 年 6 月 30 日から 3 日間、米国ハワイ州マウイ島のホテルで開催された。この協議会は日米の構造設計に携わる実務者の会合で、表 3.4 に示したように約 2 年毎に開催されている。最初の 2 日間は提出論文の発表と質疑、3 日目はグループに分かれて与えられたテーマについて討論し、最後に全体で行う閉会式の時にグループ討論の概要を報告するのが慣例である。初めの数回は、英語による討論のため意志の疎通を欠いたことも多かったが、回を重ねる毎にスムーズに行われるようになった。参加者は毎回 30〜50 名程度の比較的小規模な会合で、10 回を迎えたといってもあまり知られていないようなので、この協議会について紹介したい。

この協議会は、1979 年筑波に移転した建築研究所の大型耐震実験施設を用いた日米共同研究の中で、研究者中心でなく実務者中心の日米情報交換の場を作ろうということになり、第 1 回が日本と米国本土の中間ということでハワイで開催された。その後、日本ではバブル経済の中で海外旅費も比較的潤沢であったが、米国側参加者の多くは会社から派遣されるのではなく個人で費用を負担するという経済的な面もあり、日米交互ではなく、また米国より物価が安いなどの理由で、カナダでも開催されている。1988 年には世界地震工学会議 WCEE が日本で開催され、それに参加した関係者も多かったので、WCEE の直前に協議会を日本で開催し、1996 年には阪神・淡路大震災の 1 周年として神戸で開催された。

協議会の当初の関心は耐震設計であったため、U.S.-Japan Workshop on Improvement of Seismic Design and Construction Practices といっていた。直訳すると「耐震設計と建設実務の改善のための日米ワークショップ」であ

表 3.4 日米構造設計協議会の開催年と開催地

回	開催年月[†]	開催地
1	1984.3	米国・ハワイ・ホノルル
2	1986.8	米国・サンフランシスコ
3	1988.7-8	日本・東京、箱根
4	1990.8	米国・ハワイ・コナ
5	1992.9	米国・サンディエゴ
6	1994.9	カナダ・ビクトリア
7	1996.1	日本・神戸
8	1998.12	米国・ハワイ・ホノルル
9	2000.8	カナダ・ビクトリア
10	2003.6-7	米国・ハワイ・マウイ

[†] 開催期間はいずれも 3 日間

るが、少々長いので日本では「日米耐震設計協議会」と呼ぶことにした。第 4 回からは耐震設計のみではなく、構造設計全体を含むように Seismic Design を Structural Design に変更し、「日米構造設計協議会」と呼ぶようになった。

協議会の名称変更時には予想もしていなかったことであるが、今回の発表にはテロリストがジェット旅客機を乗っ取りニューヨークの貿易センタービルに衝突させた事故についての報告もあった。また、爆発などによる構造物の挙動や対応についての討論も行われた。地震や台風のような自然現象のみではなく、テロ行為も考えて構造物を設計しなければならないとは誠に残念であるが、それを現実として構造技術者は対応しなければならない時代なのであろう。

さて、協議会の事務局は、米国側の応用技術協議会 (Applied Technology Council：ATC) と日本側の日本建築構造技術者協会 JSCA (協議会の発足当初はまだ構造家懇談会といっていた) である。ATC はカリフォルニア州構造技術者協会が中心となって作った組織で、活動プロジェクトには順に番号が付けられている。有名なのは 1978 年に出された耐震基準案 ATC-3 で、日本の耐震規定にも大きな影響を与えている。本協議会のプロジェクトは ATC-15 で、発表論文のプロシーディングスは後日 ATC-15 シリーズとして出版されている。

最後に、次回の協議会は 2005 年に日本で開催されることになっている。参加者には特に制限がなく、論文発表の有無にかかわらず、興味のある人は誰でも歓迎されるので、ぜひ多数の人に参加して欲しいと思っている。(2003 年 8 月)

(なお、次回の日本での開催は、阪神・淡路大震災 10 周年ということで 2005 年 10 月に神戸で開催される予定である。)

3.21 2003 年十勝沖地震と建築物の被害

2003 年 9 月 26 日マグニチュード 8.0 の大地震が北海道の太平洋岸で発生した。道路、橋梁、港湾、石油コンビナート施設などの被害はかなり大きかったが、幸い建築物への被害は比較的少なかった。

北海道では 1993 年に釧路沖地震があり、その時は地盤崩壊による建築物の被害はかなりあったが、一般の木造住宅への被害はあまりなかった。その原因として、(1) 屋根が金属板葺であること、(2) 開口が小さいこと、(3) 基礎が深いことの 3 点をあげた (3.1 節の図 3.1 参照)。今度の地震でも同様なので、この点について再度述べてみたい。

(1) 北海道の住宅の屋根は金属板葺で、瓦葺 (かわらぶき) の屋根はほとんどない。理由は、もちろん積雪のためであるが、同時に耐震上のメリットになっている。すなわち、地震力は、地面が振動することによって建築物に生じる慣性力である。慣性力は質量に比例するので、軽い屋根に生じる地震力は小さいのである。

(2) 北海道の住宅の開口は窓がほとんどで、本州の住宅のように縁側スタイルの大きな開口が少ない。この理由も積雪のためであるが、結果として筋かいを入れる壁の部分が相対的に多くなり、耐震性向上に寄与する。

(3) 寒冷地では冬期に地面が凍り、その深さ (凍結深度) は札幌近郊でも 50cm 以上、釧路付近では 100cm 以上にもなる。地面が年中凍結しているならば問題がないが、春になると雪が解け、凍っている地面も解ける。このような凍結融解が数年繰り返されると、建築物が少しずつ傾いて、ついには使用できなくなる。このような現象を防ぐために、基礎底を凍結深度より深くしている。地面深く入っている基礎は構造的に好ましく、耐震性も向上する。

以上のような理由で、北海道の住宅は一般的に耐震性が高いと考えられる。しかし、安心してばかりではいられない。屋根に雪が深く積もった時に地震が起こると、地震力が大きくなる。また、以前は屋根や外壁などに入れる断熱材の施工方法が適切ではなく、結露が生じることも多かった。結露によって木材が腐朽し、構造的な耐力が落ちている場合もあるので、油断は禁物である。

　さて、十勝沖には大地震がしばしば発生している。1968年十勝沖地震では、耐震性に優れていると考えられていた多数の鉄筋コンクリート造建築物が大きな被害を受けた。被害調査から配筋規定が十分でないことが分かり、柱の縦に入っている鉄筋（主筋）を周囲から「たが」のように締め付ける帯筋の間隔がそれまでの30cmから10cmに規定が強化された。1995年阪神・淡路大震災の被害調査から、この強化策が有効であったことが確かめられている。また、1981年から用いられている新耐震設計法の契機となったのも1968年十勝沖地震である。

　このように1968年十勝沖地震は日本の耐震構造・規定に大きな影響を与えた。この他に、地震名に「十勝」という地名が入っていたため、十勝地方には全国から援助物資が寄せられたが、同程度の被害を受けた東北地方への援助物資はわずかであった。このため、1983年に秋田沖で発生した地震は、日本海中部地震と命名されたという真偽は確かではないエピソードがある。

　最後に、日本の太平洋側では大地震がしばしば発生し、日本海側でも太平洋側ほどではないが被害地震が発生している。いつどこで大地震が発生するかも知れない日本では、公共・民間、団体・個人を問わず既存建物に対する耐震診断・補強などの地震対策を前もって進める必要がある。(2003年12月)

3.22　津波から人命を守ろう

　年末恒例となった1年の世相を漢字一文字で表す「今年の漢字」に2004年は「災」が決まったことに呼応するかのように、クリスマスが終了した直後の12月26日にスマトラ沖地震による津波が発生し、多くの人命が失われた。マグニチュード9.0という巨大な地震による被害は日がたつにつれて徐々に大きいことが分かり、死者は20万人を越え、津波による史上最大の被害となった。

3.22 津波から人命を守ろう

　地震による断層によって海底の地形が大きく変化（上下）すると、それによって海面が変化し、この海面の変化が四方八方に広がっていくのが津波である。津波の伝わる速度 v は水深 h が深くなるほど速くなり、重力加速度を g とすると $v = \sqrt{gh}$ となる。これに、例えば太平洋の平均深さとして 4,000 m を代入すると、時速約 700 km とジェット機なみの速度で津波は伝搬する。（このため 1960 年チリー地震による津波は約 23 時間で日本に到達し、死者・不明 142 名の災害を引き起こした。）

　陸地に近づくと津波の伝わる速度は遅くなるが、津波の高さは水深の 4 乗根に逆比例して高くなる。ただし、津波の高さが水深と同じ程度の高さになると津波が砕けてしまうので、無限に高くなることはない。また、津波が陸地に到達し斜面を駆け上って達する高さを遡上高（そじょうだか）といい、湾が奥にいくほど狭くなっているような地形では遡上高が大きくなる。（1993 年北海道南西沖地震（3.2 節参照）では死者・不明 230 名で、奥尻島の最大遡上高は 31 m であった。）津波の陸上での速さは秒速 10 m 以上、時速 40 km 以上にもなり、津波に追いつかれたならオリンピックの短距離選手でも逃げることはできない。

　日本では地震によって津波が発生することはよく知られており、海岸近くで地震動を感じたら高い場所に避難すべきことを知っている人は多い。地震が遠くで起こった場合には、地震動を感じることはできないが、適切な情報が伝達されれば避難する時間は十分あるはずである。しかし、日本でも津波によって死者が出ることは珍しくない。近年では、1993 年北海道南西沖地震、1983 年日本海中部地震（死者 104 名）、1960 年チリー地震、1933 年三陸沖地震（死者・不明 3,06 名）、1896 年三陸沖地震（死者 21,959 名）による死者のほとんどは津波によるものである。

　報道によると、今回の地震で海水面が低くなり、普段は見ることのできない海底が表れたので、そこに魚介類を採りにいった人もいるなど、津波の兆候があったにもかかわらず、多くの人々がまったく津波を警戒していなかったようである。

　このようなことを考えると、今後の対策として、津波に対する教育がまず必要である。教育といっても難しい内容ではない。すなわち、

(1) 海岸付近で強い地震動を感じたら、ニュースや他からの情報を待つので

はなく、すぐに高いところへ避難する。避難には自動車を用いず、歩いて (できれば走って) 逃げる。

(2) 地震動を感じなくても、普段と異なる海面の動きがあった場合には、次に大きな津波がくる可能性が高いので、この場合も高いところに避難する。

　以上の 2 点を多くの人が知っていたならば、地震津波によって亡くなった人の大多数は助かったはずである。今回の地震津波被害に対して多くの国からの援助があるが、一部をこの教育費にぜひ用いて欲しい。

　また、日本では地震直後に各地の震度や津波の可能性が報道されるが、このような仕組みを世界に広めるとともに、携帯電話とそれに組み込まれた GPS (全地球測位システム、1.11 節参照) が普及してきたので、津波が予想される場合は、津波による被害の危険性が高いところにいる人に自動的にその危険性を母国語で知らせるような世界的システムができればよいと思っている。

　津波は (英語で tidal wave ともいうが、これは潮の干満による波も意味するので) tsunami が英語のみならず国際語となっており、津波被害の低減に対する日本の国際貢献が望まれる。ついでに、台風の英語は typhoon (タイフーン) で、これも日本語に似ているが、この語源は中国語・アラビヤ語・ギリシャ語の 3 説があり、日本では野分 (のわき) と呼ばれていたものが台風と呼ばれるようになったのは明治後期からとのことである。(2005 年 2 月)

第4章

海外について

4.1 外国語と日本人

　外国語が一番下手なのは日本人であるなどといわれたりすることがあるが、本当であろうか？　このようなことを厳密に確かめることは不可能に近いが、国際会議での発表やパーティーでの会話などから判断すると、日本人は外国語が上手の方には入らないというのは確かなようである。

　それでは、なぜ日本人は外国語が下手なのであろうか？　英語を例にとると、中学校から勉強し始め、高校卒業まで6年間勉強しても英語が上手にならないのはどうしてであろう。

　この点に関しての本は非常に多く出版されており、それはこの問題が簡単には解決できないことを示している。これが結論では、この話も終わりになってしまうのでもう少し考えてみよう。

　上手にならないという消極的な面から見ると、日本語では一般にアルファベットを用いないため、「hとf」、「lとr」、「sとth」などの区別ができないのも発音が上手にならない大きな理由の一つであろう。それでも最近ではCould youを「クゥドゥユゥ」ではなく「クッジュー」と表現した本も出ていて、非常に好評のようである。

　上手になるための積極的な面から考えると、外国語の上達には、それを母国語とする人と一緒に居ながら学ぶのが一番で、その最たるものが外国で暮らすことであろう。

　要はその外国語に接している時間が長いほどよいことになるが、学生時代

の英語の授業時間で英語を直接用いていたのはほんのわずかであったような気がする。ラジオの外国語の講座でもほとんどが日本語というのも少なくない。少なくとも番組の時間の半分以上はその外国語を聞いたり話したりするようにしたいものである。

　この論理によると、日本語でいくら外国語のことを論じても外国語の上達には全く役に立たないことになるので、次に多少とも役に立つかも知れないことを示してみたい。以下の各行は、日本語/英語または米語：発音を示している。

[日本語の発音が英語のようでも実際は異なるもの]
アレルギー/allergy：アラジー、ピーマン/pimento：ピメントゥ、スピードメーター/speedometer：スペドミター、ビニール/vinyl：ヴァイニル、ビールス/virus：ヴァイラス。

[日本語と全く異なる表現をするもの]
ナンバープレート/licence plate：ライスンスプレイトゥ、バックミラー/rearview mirror：リアビューミラー、ハンドル/steering wheel：ステアリングウイール、フロントガラス/windshield：ウインドゥシールドゥ。

[あまりにも直訳的で冗談かと思われるもの]
春巻き/spring roll：スプリングロール、無線/wireless：ワイアリス。

[よく間違いやすいもの]
バックスキン/buck skin（back 裏ではなく鹿の意）、（ゴルフの）オーナー/honor（owner 所有者でなく栄誉の意）。

[誤訳されたもの]
無理数/irrational number（比/ratio で表せない数の意）。

　この最後の点については特に一言いいたい。数学を学んだ際、なぜ無理数というのであろうかと疑問を持った人は多いと思う。単に整数の比で表すことができる数か、できない数かを表わすのに、あえて有理数、無理数などともっともらしいいいかげんな訳を付けた人の罪は大きく非難されるべきであろう。なぜならばこのことによって数学が嫌いになる学生も少なくないからである。

　最後に、著者の（以前住んでいた）住所はつくば市吾妻で「つくば」は

4.2 昼と夜の長さの変化

SCUBA(スクーバ、Self-Contained Underwater Breathing Apparatus、いわゆるアクアラングの意)に、そして「あずま」は ASTHMA(アヅマ：ぜんそくの意)に聞こえるようである。皆さんの住所や氏名などにも意外な意味が隠されているかも知れませんよ。(1988 年 10 月)

4.2 昼と夜の長さの変化

秋が過ぎ冬になると、日没も早くなり、午後 5 時の勤務時間終了時にはほとんど真っ暗になってしまい、夏季の日の長かった頃が何となく懐かしく感じたりする。そういえば、カナダのバンクーバーの 8 月は夜の 10 時近くまで明るく、暗くなってからアルコールを飲み始めては翌日眠くて困ったこと、オタワでは平日に仕事の後でゴルフを 1 ラウンドしたことを思い出す。

四季によって昼夜の長さが変わるのは、地軸が太陽に対して傾いているからであり、北欧の白夜というロマンチックな現象が起こるのもこのためである。

それでは、昼夜の長さはどのくらい変わるものであろう。春分と秋分には地球が図 4.1 左のように地軸の直角方向から太陽の光を受け、北緯 θ の地点 P は図 4.1 左の点線上を動き、昼と夜の点線の長さが等しいことから、昼夜それぞれ 12 時間となる。一方、夏至のときには図 4.1 右のように赤道面から

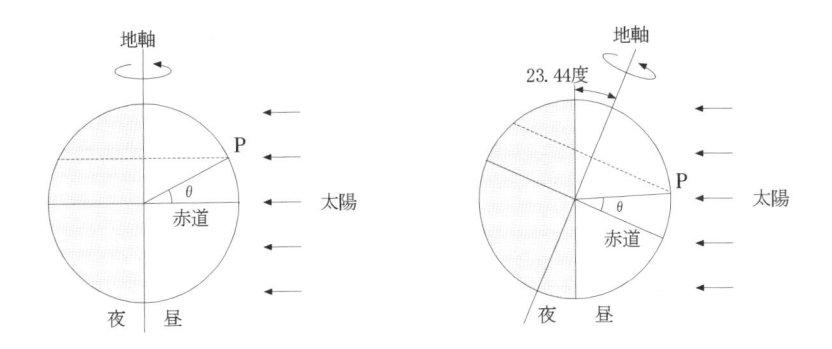

図 4.1 地球の地軸の傾き

(左は春分・秋分の時、右は夏至の時)

表 4.1 日の出、日没の夏至または冬至のときの時間差 d

緯度 θ	地名など	時間差 d *
66.56° 以上	北極圏、南極圏	6 時間
N60°	オスロ (ノルウェー) サンクトペテルブルク (ロシア)	3 時間 15 分
N52°	ロンドン (イギリス)	2 時間 15 分
N49°	パリ (フランス) バンクーバー (カナダ)	2 時間
N45.5°	稚内 (北海道) オタワ (カナダ)	1 時間 45 分
N43°	ミュンヘン (ドイツ)、札幌 ミルウォーキー (米国)	1 時間 36 分
N36°	東京	1 時間 14 分
N32°	鹿児島	1 時間 3 分
N24°	台北 (台湾)	45 分
N15°	マニラ (フィリッピン) バンコック (タイ)	27 分
S 6°	ジャカルタ (インドネシア)	11 分
0°	赤道	0 分

* 夏至または冬至の時に日の出、日没が春分または秋分の時より
早くなったり遅くなったりする時間

23.44°傾いた方向に太陽があることになり、点線の長さから、北半球では昼が長く、夜が短くなることが分かる。もちろん南半球ではその逆となる。この点線は地軸の方から見ると円となり、その昼と夜の円弧の長さを計算することにより、夏至の時に、日の出が早くなる時間、または日没が遅くなる時間 d とその地点の緯度 θ との間の関係は次式となる。

$$\sin 15d = \tan\theta \tan 23.44 \tag{4.1}$$

なお、この式は地球が完全な球体で太陽が無限遠の点とした仮定から算出したため、誤差が生じるが、せいぜい数分のオーダーなので、この式を利用して世界各地についてこの時間 d を計算してみると表 4.1 のようになる。

北緯 60° では、夏至のとき日の出が 3 時間 15 分早くなり午前 2 時 45 分、日没が同時間遅くなり 9 時 45 分となり、昼が 18 時間半、夜が 5 時間半とい

うことになる(時刻は、同じ時間帯にあっても、東にあると早くなり、西にあると遅くなるが、ここでは標準時の位置で考えることにする)。北緯 45.5° のオタワでは、日没が 7 時 45 分となるが、夏時間で 1 時間ずれるので、夜 9 時頃まで明るく、オフィスアワーの後、ゴルフ 1 ラウンドが可能となる。この時間差は、南緯 6° のジャカルタでは、ほんの 11 分、赤道では全くなくなることになる。このことからも、赤道近くでは四季というものがないことが分かる気がする。

　日本では南面は日当りがよいという意味を持つ。しかし、赤道近くでは太陽は東から上り西に沈むのは当然であるが、季節により南からも北からも陽がさすことになる。以前インドネシアでかなり教養もある人に、どちらが北の方角かを聞いたところ、分からないという返事が返ってきて、その時はあぜんとしたが、赤道近くでは南北の違いは日常生活の上であまり重要ではないのかも知れないと今ではその返答にえらく納得している。(1989 年 2 月)

4.3　日本語と英語の表現

　辞書を引きながらであれば、外国語を少しずつは読んだり書いたりすることができる人は多いであろう。しかし、本当に何らかの知識を得るために読むとなると、一行に一度ずつ辞書を引くようではあまり役に立たないようである。

　例えば、外国に行ってその国のさまざまな状況を知るには、その国の新聞を読むのが一番よいようである。図 4.2 はカナダの週末版の新聞である。こんなに多くの頁数(米国でも同じで日本の数倍)もあるものを、辞書を毎行引きながらでは、何時間かかってもその日のうちに読み終えることはできない。事実、その国の人であっても、全頁読むことはできないし、またその必要もないようである。ただし、どの部分を読むべきかを一目で判断できるくらいに、見出しを即座に理解できる必要がある。

　このようになるためには、少なくとも語彙が豊富でなければならない。語彙を増やすには、本などを多く読み、出くわした単語に自分として何らかの印象を持ち、それを記憶に残すこと以外はないようである。では、それに少しでも役に立つかも知れない英語・米語の表現を以下に示す。

図 4.2 カナダの週末版の新聞
(どれも日本の夕刊ないし朝刊くらいの頁数)

[日本語と表現が全く同じか、非常に似ている表現]

血に飢えた/bloodthirsty、食中毒/food poisoning、草の根運動/grass-roots movement、象牙の塔/ivory tower、はしご車/ladder truck、ざこ (雑魚)・下っぱ/small fry (fry には揚げ物のフライにするの他、幼魚の意味がある)。

[日本語と表現が似ているが、異なっている表現]

はしご酒 (をする)/(do a) pub crawl (crawl には水泳のクロールの他、這 (は) って行くの意味がある)。まゆつばものの話し/fishy story (釣人の話は、「他の釣人の話は嘘である」ということ以外は全て嘘である、という諺が英語にもある)。庇を貸して母屋 (おもや) を取られる/Give him an inch and he will take a mile. 腕立て伏せ/push up, press up (日本語では腕を伸ばした状態から始めるが、英語では腕を曲げた状態から始める?)。(鉄棒の) 懸垂/chin up, pull up (日本語では鉄棒にぶら下がっているだけでよい?が、英語では顎 (あご) /chin まで持ち上げなければならないことになる)。紫外線の/ultraviolet、赤外線の/infrared、日本語では単に (可視光線の) 紫、赤の外にあることを示しているが、英語では紫 (の振動数を) 超えて、赤 (の振動数) より下という意味でより正確である。

[表現が全く異なるもの]

ごますり、おべっか使い/apple polishier（皆さんはごまをするのと、りんごをみがくのと、どちらの動作がより適切だと思いますか？）、帝王切開/Caesarean section（ジュリアス・シーザーがこのようにして生まれたという伝説による。それにしても帝王がシーザーの意味だったとは！）、象の鼻は長い/Elephants have long trunks. 日本語では同じ鼻でも英語では違う。そういえば、卵は egg でも、魚卵は roe。

最後に発音の練習のために次の文をどうぞ。A rabbit runs around the rock.（兎が岩の回りを走る。）Light the little lamp like you lit the little lamp last night.（昨夜小さなランプを灯したようにその小さなランプを灯しなさい。light の過去・過去分詞形には lighted と lit がある。）She sells sea shells by the seashore. If she sells sea shells by the seashore, where are the sea shells that she sells ? By the seashore.（彼女は海岸で貝殻を売っている。もし彼女が海岸で貝殻を売っているなら、彼女の売っている貝殻はどこにありますか？ 海岸です。）

意味はどれもたわいないが、発音はどうですか？（1989年6月）

4.4 アルゼンチンの国立耐震研究所 INPRES

タンゴの発祥地でもある南米のアルゼンチンはチリーに接している西部で地震がよく起こる。1944年サンフアン地震（M=7.8）で、人口約8万のサンフアン市は、建造物の約80％が崩壊するという壊滅的被害を受け、約1万人が死亡した。この地震の後、連邦政府はサンフアン市に再建院を設立し市の再建復興を計画的に行った。この再建院が1972年に国立耐震研究所（Instituto Nacional de Prevención Sísmica, 略称 INPRES：インプレス）となって現在に至っている。

アルゼンチン共和国は22の州よりなる連邦制であり、人口約3,000万人、その1/3の約1,000万人が首都のブエノスアイレスとその周辺の首都圏に住んでいる。

サンフアン州の人口は約45万、その2/3の30万人が州都サンフアン市に集中している。チリーの方からアンデス山脈を越えてくる風は乾燥してお

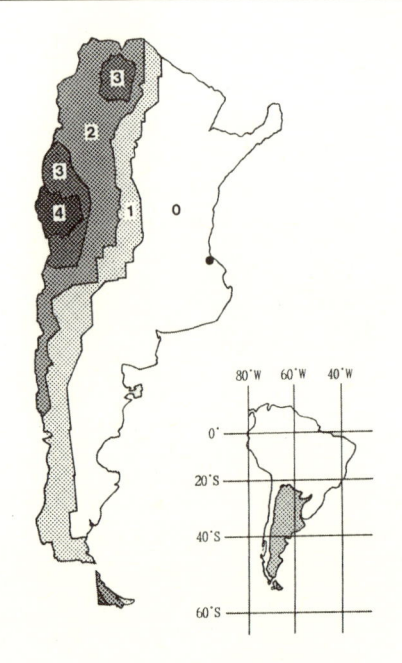

図 4.3 アルゼンチンの地震危険度マップ
(地域区分 0, 1, 2, 3, 4 の順に地震危険度は高くなる。サンフアン市は地域区分 4 に位置する。)

り、年間降雨量 100mm 程度で砂漠といってもよいくらいであるが、潅漑(かんがい)によって緑が多く、またこの気候がぶどうの生産に適しており、主な産物はワインである。

INPRES はサンフアン市にあるが連邦政府の機関で、所長・副所長の下に総務部・応用地震学部・地震工学部・構造実験室があり、職員は約 120 名である。INPRES は国内に 22 の地震観測点を持ち、そのうちの何点かはテレメーターによって INPRES で常時モニターしている。また、80 台の強震計 (SMA-1) で強震観測も行っている。構造実験棟には反力壁・床があり、2 階建程度の実大建物の構造実験も可能である。連邦政府としての耐震規定を作成することも INPRES の任務の一つであり、この規定を採用するかどうかは

各州の自由であるが、実際には全州でINPRESの耐震規定が用いられている。ただし、最新の1983年版耐震規定は1991年1月現在、まだ全州で使用されていないのが実情である。

地震危険度を示す図4.3によると、サンフアン州の南とメンドーサ州の北を含む部分の地震危険度が最も高く地域区分4、首都圏のブエノスアイレスを含む国の東半分は危険度が最も低く地域区分0となっている。このため、連邦政府に耐震研究の重要性を認識してもらうことが必須で、ここまでINPRESが発展してきたのは、地震被害がたびたび起こり、連邦政府が耐震研究の重要性を認めざるを得なかったからであろう。構造実験棟ができたのも1977年にサンフアンのカウセテで地震が起き、死者約100人を出したからである。

しかし、1977年の地震以降は、1985年メンドーサ地震によって多少の被害を生じた他は、それほど大きい地震が発生しておらず、国の経済状態が特に悪化している現状では、十分な職員・研究費を確保することが難しい。事実、現状維持どころか、政府財政の赤字減らしのため政府機関の縮小が計画されており、このような時にはどこの国でも研究機関などにしわよせがくるが、INPRESもその例に漏れず、30〜40%の定員削減があろうとのことである。1990年代は国連の提唱する"国際防災の十年"であり、世界各国が協力して自然災害の減少を計ろうとしている早々にこのような話を聞くとは、まことに残念なことである。INPRES関係者の「あまり大きくては困るが、多少の被害が出る地震が起こってほしい」などと不謹慎（ふきんしん）とも取れる発言が思い出される。(1991年6月)

4.5 水の都ベニスの地盤沈下

1991年11月に国際会議でベニスを訪れる機会を得たので、そこで感じたことを紹介したい。

ベニスはイタリア本土から約4km離れた東西約4km・南北約3kmの島である。島までは橋が架かっており、バス・乗用車や列車で島の入口まで行くことができる。ベニスの島は5世紀頃、蛮賊（ばんぞく）の侵入を防ぐためアドリア海のラグーナ（潟）に木の杭を打ち、家を建てたのが始まりである。ベニスは15世紀にはヨーロッパ最大の強国であった。また、東方見聞録の著

図 4.4 ベニスの橋は全て太鼓橋

者マルコ・ポーロの生まれた所でもある。ベニス全体は幅 30〜60 m の逆 S 状の大運河によって二つに分割され、さらに小さな運河が縦横に走っており、運河によって分割された島は 118、運河は 150 本、橋は約 400 ある。運河に架かっている橋は、全てその下を舟が通行するため、太鼓橋 (たいこばし、図 4.4) のようになっており、階段を上下して橋を渡るようになっている。このため、乳母車さえ容易に通過するのが難しく、自動車はもちろんのこと自転車さえ全く走っていない。いうなれば、ベニス全体が歩行者天国である。このため、人や物の運搬は全て運河を通行する舟によっており、TAXI と書いてあっても、それは水上タクシーであり、バス停といっても水上バスの停まる所である。

ベニスの最大の悩みは地盤沈下で、この 10 年間で 2〜3 cm は沈下したといわれている。事実、ベニスが最も栄えていた 15 世紀頃の地盤面が現在より 1 m ぐらい下に見つかった所もあり、平均すると年間約 2 mm 沈下していることになる。沈下の最大の原因は運河を通る舟と考えられている。最近ではモーターを用いないゴンドラはほんの観光用で、ほとんどがモーターボートとなっているため、運河の底の土を削り、これが地盤沈下の原因といわれている。しかし、その解決策は今のところ全く見つかっていない。雨の多い冬期間で、潮が高いときには、地盤の低い所では、道路が水に浸され歩行不可能の所もできる。

図 4.5 道路中央の台はベンチ？

ここでクイズを一つ。図 4.5 の道路中央の台は何でしょう？ 物売りのため、あるいは休憩用のテーブルともベンチとも思えるものが、実は道路が水に浸かったときに、その上を歩く台である。このような台で間に合っているうちはよいが、街全体が水浸しとならないうちに何らかの解決策が見つかってほしいと願っている。

5 世紀に埋立てを始めたベニスの街は、現在地盤沈下の問題があるとはいっても、15 世紀には世界最強の国であったし、現在でも水の都として観光客が多く訪れている。また、この地方の商業・行政の中心でもある。日本では、八郎潟を干拓して農地にしたり、東京湾を埋立てて空港・工場・レジャー施設などの用地に用いたりしている。5 世紀に行った埋立てと、20 世紀の埋立てを比較して、将来どのような評価が与えられるのであろうか？ 20 世紀の埋立ての方が高く評価されるとすればどの点であろうかと考えている。（1992 年 4 月）

4.6 フィリピンのゆで卵

1992 年 8 月、国連地域開発センターの主催する地震工学・防災管理セミナーで日本の耐震規定などを講義するためにフィリピンを訪れた。その間に感じたことを紹介したい。

フィリピンを訪れるのは初めてで、以前に何度か訪れたインドネシアや昨

年6月まで2年3か月滞在したペルーの様子を思い浮かべながら当地に向かった。

セミナーが行われたタガイタイは首都マニラより車で約1時間半、標高約700mに位置する。8月は雨季で、5泊したが、残念ながら太陽が出たのは、ほんの1時間程度であった。インドネシアの雨季は、毎日夕方に約1時間ほど雨がザアザア降るスコールであったが、タガイタイの雨季は日本の梅雨に似て、ほとんど雨が降り続け、肌寒い気候であった。マニラの気温はもちろんタガイタイより暑かったが、それでも8月末に建築学会大会の開催された新潟よりはずっと過ごしやすかった。気候は場所によって全く変わるものだと改めて感じ、また温帯の日本の方が熱帯の所よりも過ごしやすいと勝手に思い込んでいた自分自身に気が付いた。

さて、セミナーが行われたのは、マルコス政権の遺産ともいわれる首都郊外の避暑地タガイタイにある政府の会議施設であった。宿泊室は一流ホテル並みとはいえないが、かなり立派であった。しかし、部屋に入った時、水は出たが湯は出なかった。この時感じたのは、「水が出て安心した」ということである。ペルーではたびたび断水があり、一流ホテルでシャワーの最中に水が止まって困ったことなどを思い出した。夕方になると、湯も出たので、さらに安心した次第である。ペルーでの滞在経験がなければ、「湯が日中は出なかった」というマイナスの面のみを感じたであろう。ペルーに行く前に、某氏が「ペルーに行くと価値観が変わる」といっていたことを思い出した。このように感じたのも価値観の変化なのであろう。

日本では何事も全てがちゃんとしており、またそのように誰もが期待する。そして期待通りにならないと怒り出す人もいる。期待される通りに自分が行動するのはよいが、だからといって他人にもそのように要求するのはどうかと思う。外国人との付き合いでは特に「己に厳しく、他人に寛大に」ということを肝に銘じなければいけないと思っている。

最後に、話は全く変わるが、タガイタイの珍しい食物を紹介したい。それはバルット(barut)と呼ばれるアヒルのゆで卵である。アヒルの卵は鶏卵よりもほんの少し大きく、また殻の色は少し透き通った感じがするが、指摘されなければアヒルの卵とは気が付かず鶏卵と思うであろう。これでは珍しい食物とはいえないが、実は卵の中ではすでに雛（ひな）がかえっているのである。孵卵機に10〜11日間入れた後にゆでたもので、卵の中はすでに頭・胴・

図 4.6　アヒルのゆで卵・バルット

(中はすでに雛となっている)

羽・足が確認でき、さらに毛も生え出している雛である (図 4.6)。フィリピンでは、栄養があり、足腰を鍛えるためにもよい精力剤といわれている。さらにビールのつまみとしても美味しいが、高血圧の人は差し控えたほうがよいとのことであった。私は高血圧ではなく、ビールは大好物なので、そのゆで卵にかなり興味があったが、何となく気味が悪く、食べずじまいであった。卵も食べるし、その成長した鳥ももちろん食べるのに、なぜその中間のものを食べると、気味が悪いと感じるのか自分自身でも理解できない。でも、皆さんも多分そのように感じるであろうと思っている。(1992 年 10 月)

4.7　緑の三角屋根の家に住んでいた「赤毛のアン」

建築に関する用語には一般的に用いられているものも多いが、そうではない用語も多い。

図 4.7 のような建物で、「屋根」と「壁」がどの部分を示すかは説明の必要はない。一番上の水平な部分を「棟 (むね)」、棟に平行な屋根の一番下の水平な部分を「軒 (のき)」というのも説明不要であろう。しかし、棟と軒を除く屋根の端を「けらば」ということは一般的には知られていないようである。建物の端のことを「妻 (つま)」と呼び、端の壁のことを「妻壁 (つまかべ)」

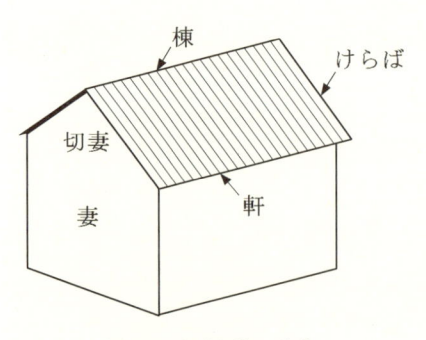

図4.7 切妻屋根の建物

といったりもする。図4.7のように屋根が掛かっている場合、妻壁の上部は三角形となり、この部分を「切妻壁(きりづまかべ)」、このような形の屋根を「切妻屋根」という。単に「切妻」というと、切妻の屋根・壁・建物全体のいずれかを意味する。

英語では、屋根：roof、壁：wall、棟：ridge、軒：eaves(通常複数形)、けらば：verge、切妻：gable である。

さて、カナダよりも日本で人気が高いといわれている「赤毛のアン」は英語では "Anne of Green Gables" である。この題名を直訳すると「緑の切妻(屋根の家)のアン」となる。赤毛のアンの舞台となったのはカナダのプリンス・エドワード島で、そこには題名どうりの切妻壁が緑に塗られた木造2階建の白い建物(図4.8)があり、日本からの観光客も多く訪れている。プリンス・エドワード島：Prince Edward Island はカナダの州(カナダでは州のことを province という)の一つであり、長い名前なので PEI(ピー・イー・アイ)と頭文字で呼ぶのがカナダでは普通である。

日本からカナダの西部のバンクーバーまで航空機で約9時間、そこから東部のトロントやモントリオールまで約6時間、そこから PEI までは更に2時間ほど(もちろん航空機で)離れている。私自身は、幸いにも、カナダの首都オタワに1年間滞在した1985年、1日に1,200kmも運転するなどの強行日程で家族と PEI を訪れることができた。一般には、たとえカナダへ行っても、ナイヤガラの滝などの観光途中にちょっと立寄るというわけにはいかないであろう。

図 4.8 「赤毛のアン」の緑の切妻屋根の家（カナダ PEI）

そこで、札幌から車で約 2 時間の芦別市にあるカナディアン・ワールドと呼ばれるリゾート地を訪れるのはいかがであろう。そこには PEI を再現した風景、それに加えてもちろん PEI の緑の切妻屋根の家と同じ建物がある。冬季も開いているので冬のカナダの様子も味わうことができる。さらに、実際に PEI から来ているカナダ人の赤毛のアンもいて、一緒に写真を撮ることもできる。その後、モンゴメリ著「赤毛のアン」を読み直すならば、楽しさは一層膨らむに違いない。(1994 年 2 月)

(なお、その後のカナディアン・ワールドについては 6.17 節に書いてある。)

4.8 エジプトのピラミッド

地震観測の国際セミナーで地震被害の講義をするため 1994 年 1 月にエジプトを訪れた。セミナーについては他の形で紹介したほうがよいので、ここではピラミッドについて話してみたい。

エジプトには形状の異なる数十のピラミッドがある。三角の立面をした有名なギザのピラミッドは首都カイロから車で 30 分程度の郊外にある。一番大きいのがクフ王の大ピラミッドで、完成時の高さ 146 m（現在は頂上部分が壊れていて 137 m）、平面は一辺 230 m（現在は 220 m）の正方形である。旅行ガイドブックによると、平均 2.5 トンの石材を約 240 万個積み上げて造ら

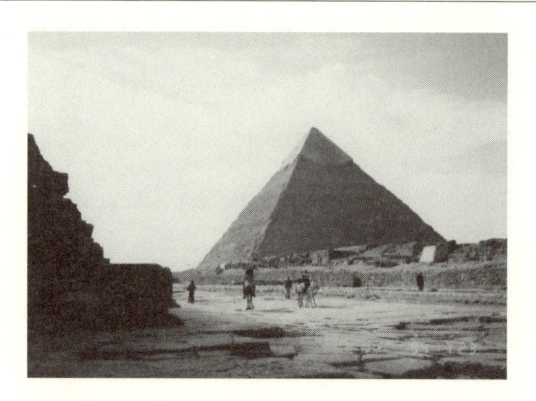

図 4.9 ギザのピラミッド
(左はクフ王のピラミッドの一部、右がカフラー王の
ピラミッドで当時の化粧用石材が上部に残っている)

れたという。直方体の石材を積んであるので、近くから見ると、石段のようになっているが、完成時は表面が傾斜に沿って滑らかに仕上げされた化粧用の石材で被われていた。化粧用の石材は隣のカフラー王のピラミッド（高さ143.5 m、一辺 214.5 m）の上部に今でも残っている（図 4.9）。

この巨大な建造物を今から 4,500 年も前に、どのようにして造ったのかは誰もが疑問を抱く。これが、世界の七不思議の一つといわれるゆえんであろう。

まず、材料の石灰岩は近くを流れるナイル川の対岸のヘルワンでは現在でも建設用の石灰岩が切り出されているくらい豊富にある。また、ピラミッドの近くからも入手可能で、この点については問題がない。

石材の運搬には船を用いた。当時、ナイル川を下り地中海と往来していた形跡があり、部分的に使用されている花崗岩をナイル川の上流約 900 km のアスワンから運ぶことはそれほど困難ではなかった。現在ではアスワン・ダムとその上流のアスワン・ハイダムが建設され、洪水の心配はなくなったが、以前は古代から毎年夏に増水し、時には洪水となることも多かった。この規則的な増水は農業にも、そして物資の運搬にも利用された。水位が低い時に陸上で船を造り、石材を積み込んでおくと、水位が上昇し船は自然に浮かぶのである。

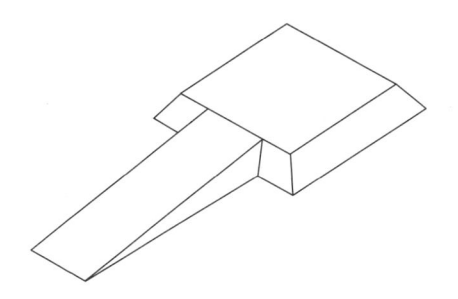

図 4.10　ピラミッドを造るための傾斜路

　陸上での石材の運搬を考えてみよう。石灰岩の比重は 2.7 なので、2.5 トンの大きさは一辺 1 m の立方体程度で、杆 (てこ) で動かしたり、滑りやすい物を敷いて綱で引きずることは人力で可能である。

　最後になったが、最も困難と考えられるのは、どのようにして積み上げたかである。ガイドブックによると「・・・傾斜路を作り、その上を石材を載せたそりを引いて運んだ。ピラミッドが高くなっていくにしたがって、角度が急になってしまうので斜路の長さを延ばして対応していった・・・」と説明されている[*]。

　本当に図 4.10 のように、最終的には約 200 段、高さ 146 m のピラミッドが完成したのであろうか？　これとちょっと異なった私の考えを次回に紹介しよう。(1994 年 4 月)

4.9　続・エジプトのピラミッド

　ピラミッドは図 4.10 のようにスロープを造り、石材を運搬して造ったと旅行ガイドに示されていることを前節で紹介した。私は図 4.11 のように、ピラミッドの斜面に沿ってスロープを造ったに違いないと考えているので、その理由を説明しよう。

　スロープはあまり狭いと危険であるが、単に石材の運搬には幅 2〜3 m でも可能である。しかし、図 4.10 のスロープを高くするためには、スロープ安

---

[*] ブルーガイド・ワールド 29 エジプト (実業之日本社)、1993

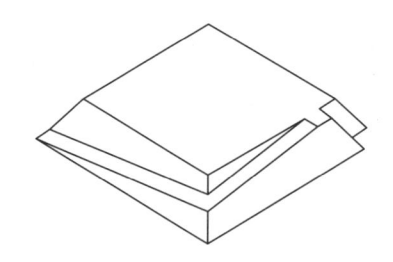

図 4.11 ピラミッドを造るための螺旋状のスロープ

定のため両側に傾斜を付け、底部の幅を広くする必要がある。石材運搬のためスロープはかなり緩やかだったはずで、結果的には図 4.10 のスロープにはピラミッドに用いられる以上の材料が必要となる。さらに、スロープの高さはピラミッドと同程度となるので、材料の強度も重要である。

ピラミッドの建設には、労働力と時間に糸目をつけず行ったようにも思われる。しかし、石材はほぼ直方体であるがスムーズには仕上げられておらず凹凸があり、一番外側となる石材の外部の表面のみを傾斜に沿ってスムーズに仕上げている。下段の石材は大きく一辺数 m のものもあるが、上段では一辺 1 m 以下となっている。約 900 km も離れたアスワンからの花崗岩は内部通路など部分的にのみ使用している。このような点を考慮すると、できる限り少人数で短時間に (といっても数千人で数十年かかったと推測されているが) 完成しようとしたことは容易に想像でき、スロープも可能な限り簡単に造ろうとしたに違いない。

図 4.11 のようなスロープは、ピラミッド本体に寄りかかることになり、安定のため底部を広くすることは不要である。また、スロープの片側はピラミッドに面しているので、石材を運搬するのに必要な幅のみで十分である。さらに、スロープを造る材料の重量のほとんどは、ピラミッドに伝達されるので、スロープの強度は重要でなく、逆に取り壊しが容易な盛土や土で作った日干しレンガのほうが好ましい。傾斜が緩やかなほど石材の運搬は容易となるから、スロープはピラミッドを単に一周まわるのではなく、数周していたであろう。最終的には、ネジの先を上に向けたように、下方が広がっていく螺旋 (らせん) 状のスロープであったろうと想像している。

ピラミッドの完成時には、スロープを取り除く必要があり、大層ご苦労な

4.9 続・エジプトのピラミッド

図 4.12 ギザのピラミッドとスフインクス
（左がメンカウラー王のもの、スフインクスの後がカフラー王のもの）

ことと思われるかも知れないが、実は最後に表面を仕上げるときの足場としての役目もスロープは果たしたはずである。ピラミッドの斜面の傾きは 50 度以上と急勾配で、とても摩擦力で人間の身体を支え、石材を削り仕上げすることは無理である。石材を全て積み上げた後は、上から四つの傾斜面の表面を滑らかに仕上げながら、スロープを徐々に取り除いていったに違いない。

ピラミッドの完成当時はどんなに美しかったであろう。カイロ市の大気汚染はメキシコ市についで世界第 2 位といわれているが、それでもカイロ市内からピラミッドが見える時がある。空気が汚染されていなかった頃は、考えられないほど遠方からも単純で美しい三角のシルエットが見えていたに違いないと想像している。（1994 年 6 月）

（一冊のガイドブックを読んでこのように書いたが、その後に他のガイドブックを読んだり、エジプトを再度訪れた際に博物館に寄った。そこで、ピラミッドを建設する際に用いた真っ直ぐな図 4.10 の傾斜路の他に図 4.11 の螺旋式のスロープもその可能性として示されていることを知った。私が短時間で気の付くことを他の人が気付かないわけがなく、ちょっと残念であると同時に私の考えがまんざら悪くはないことが分かり嬉しくもある。どちらが本当か、あるいは別の方法で建設されたのかも知れないが、私自身は螺旋状のスロープに違いないと思っている。）

4.10 デンマークはおとぎ話の国

ISO（国際標準化機構）の氷結荷重のワーキンググループがデンマークで開催された。会議に出席するまでは、デンマークについて知っていたことといえば、(1) 首都はコペンハーゲン、(2) 有名な童話作家のアンデルセンの国、(3) 人魚像のあるところの3点のみであった。1週間ほど滞在し、またガイドブックなどを読んで興味深い点が多々あった。皆さんには常識であるかも知れないが、そのいくつかを紹介したい。

デンマークは地理的には、ドイツの北に突き出ているユーラン（ユトランド）半島と約480の島から成る。地図を見ると、スウェーデンの南端はシェラン島にあるコペンハーゲン（北緯56度に近い）より南に位置している。スウェーデンに最も近いヘルシンオアはオアスン海峡をはさんで4kmほどしか離れておらず、フェリーも頻繁に往来している。デンマークからスウェーデンに行く人より、スウェーデンからより多くの人がデンマーク側にやって来る。理由は、シェークスピアのハムレットの舞台となったクロンボー城の観光のためもあろうが、デンマークの方がアルコール類が安価であるという

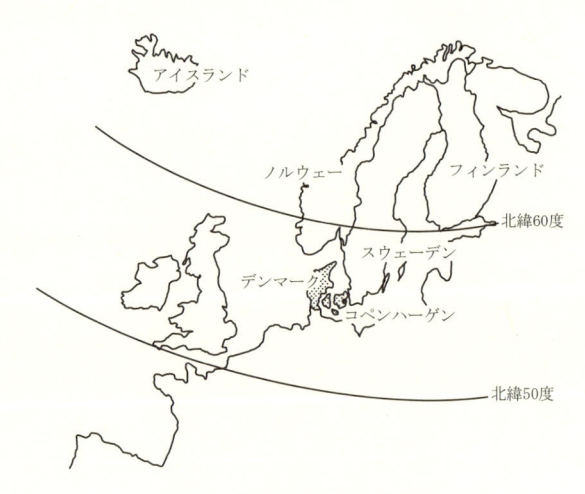

図 4.13　北欧諸国の地理的関係

4.10 デンマークはおとぎ話の国

図 4.14 コペンハーゲンの有名な人魚像

のが本当の理由らしい。

　歴史的にはバイキングの活躍によりデンマークは 8〜11 世紀にはヨーロッパ最強の国であった。ノルウェーとスウェーデンを統治していた期間も長かった。このような歴史的なつながりと、地理的な近さから北欧と訳されるスカンジナビアとはこれら 3 国の総称である。ノルディックも北欧と訳すことがあるが、この場合は、3 国にフィンランドとアイスランドが加わった 5 国 (図 4.13) をいうのが通例のようである。

　コペンハーゲン首都圏の人口は約 170 万で札幌とほぼ等しいが、街並みは数世紀前に建てられた建物も多く歴史の深さが感じられる。中心街でも高層建物はほとんど無く、5 階建の建物が多い。半地下の 1 階や屋根裏利用の最上階もあり、それらを数えると 7 階建となるものも多い。郊外に行くと平坦な地形が続き (デンマークの最高峰の標高は 173 m)、アンデルセンの童話が生まれたのももっともである、と感じられる美しい風景である。アンデルセンというと日本では誰もが有名な童話作家を思い出すが、デンマークでは一般的な苗字であるため、必ずハンス・クリスチャン・アンデルセンという。アンデルセンの童話「人魚姫」をもとに造られた人魚像 (図 4.14) はコペンハーゲンの中心街から徒歩でも行ける海岸にあり、観光客も多い。像の大きさは、ほぼ等身大で、誰もがそばまで行って直接手で触れることができるという親しみやすい場所にある。その反面、頭部が切り取られるという事件があった

り、頭からペンキをかけられたりしたこともあった。海岸から少しでも離されて設置されていたならば、このようなこともなくなると同時に、親しみやすさは減少するかも知れないが、神秘さはさらに増すに違いないと感じた。

最後に言葉について一言。デンマーク、コペンハーゲンは英語で書くと Denmark、Copenhagen、デンマーク語ではそれぞれ Danmark（ダンマーク）、København（グベンハウン）である。通貨単位はクローネで 1 krone＝約 16 円であった。ところが、コインや紙幣には kroner と書いてあるので理由を聞いたら、最後の r は複数を示すとのこと、複数を表すのに s や es しか思い出さないようでは国際化にはおぼつかないのかも知れないと感じた次第であった。（1994 年 8 月）

4.11　9 年振りのポーランド

1994 年 11 月、ISO（国際標準化機構）の TC98（構造物の設計の基本）に関する会議のためポーランドの首都ワルシャワに 1 週間ほど滞在した。

実は、9 年前にも同様な会議でポーランドを訪問したことがある。その時は、カナダの首都オタワにある建築研究所の客員研究員として 1 年間滞在していた間のことで、時間的な余裕もなく、観光などはほとんどできなかった。さらに、私にとっては初めての共産圏で、滞在中は緊張の連続であった。街角には銃をもった制服の者が多く見られ、常に監視されているような気がして、ホテルの近くさえも自由に出歩く気にならなかった。（このような私の感覚は正しかったようであるが、社会主義体制の下では、監視されていたのは、外国人ではなく、むしろポーランド国民であったと後になって知った。）

ソビエト連邦崩壊後の今回の滞在では、監視されているような感じは全くなく、治安もよく、どこにでも自由に出かけることができ、人々の顔も以前よりずっと幸福そうに見えた。また、前回はよく見られた、ドルの闇交換人も全く見ることがなかった。

ポーランドとは「平坦な国」との意味をもち、ロシアとドイツの間に位置する。このため戦争に巻き込まれる機会も多く、国土が分割され他国の支配下にあった期間も長かった。それでも、いやそれだからこそ民族性や文化を大切にする気持ちが特に強いのであろう。地動説を唱えたコペルニクス（1473〜1543）、ピアノの詩人ショパン（1810〜1849）、ノーベル賞を 2 度も受賞し

4.11 9年振りのポーランド

図 4.15　ポーランド紙幣のコペルニクスとショパン

たキューリー夫人(1867～1934)は、永遠にポーランド国民の誇りであるに違いない。

　さて、国民は以前より幸福そうではあっても、ポーランド経済はあまりよいとはいえず、失業率もインフレ率もかなり高いのが現実である。1994年11月のレートでは1円が234ズオティであった。1995年には、ゼロを4つ取り除く(貨幣価値を1万分の1にする)デノミを実施するとの話であった。その時には、ゼロが4つはない図4.15の1000ズオティ(約4円)紙幣のコペルニクスと5000ズオティ(約20円)紙幣のショパンがなくなってしまうのではないかと心配している。

　そこで思い出したのがペルーの紙幣である。ペルーではインフレ率が非常に高かったときに、同じ図柄の同一人物を紙幣に再度登場させたことがあった(図4.16)。ポーランドでも、コペルニクスとショパンが再登場し、またキューリー夫人の紙幣もできるのではないか？　その時の紙幣の額面はいくらであろう？　この三人ならばどんな高額の紙幣に対してでも相応しいなどと思っている。

　そして、いつになるか判らないが、次回の訪問の際には、さらによくなっ

図 4.16 異なる額面の同一人物（ペルーの紙幣）

ているであろうポーランド経済、さらに幸福そうな人々の顔に出会うことができるであろうと期待している。(1995 年 2 月)

4.12 ベニスはどこも歩行者天国

ISO (国際標準化機構) の会議で 1995 年 10 月に 4 年ぶりにベニスを訪問した。地盤の沈下については以前に紹介したので、今回は歩行者天国について話してみたい。

ベニスはイタリア本土から約 4 km 離れたおよそ東西 4 km・南北 3 km の島である。島までは細長い道でつながっており、バス・乗用車または列車で島の入口まで行き、その先は徒歩か舟である。ベニスの島は 5 世紀頃、蛮賊の侵入を防ぐためアドリア海のラグーナ (潟) に木杭を打ち、家を建てたのが始まりである。ベニスの島は幅 30～60 m の逆 S 状の大運河によって二つに分割され、さらに小さな運河が縦横に走っており、運河によって分割された島は 118、運河は 150 本、橋は約 400 とのことである。大運河やその他の運

4.12 ベニスはどこも歩行者天国

図 4.17 階段のあるベニスの太鼓橋

　河に架かっている橋は、すべてその下を舟が通行することができるように太鼓橋となっている。太鼓橋はかなり急で、必ず階段が付いており（図 4.17）、その階段を上下して橋を渡ることになる。このため、自動車はもちろんのこと自転車さえも全く走っていない。

　車輪の付いているのは乳母車と荷物運搬の手押し車で、いずれも橋を通過する際に階段を一段一段苦労して上下している光景が時々見られる（図 4.18）。車が走らないので道幅が狭く、やっと人がすれ違うことのできる程度の道も多い。また、道が直線である必要もなく、左右に折れ曲がった道となっている。このため、時には道に迷ったり、遠回りすることもあるが、その間にマルコポーロ（東方見聞録の著者はベニス生まれ）の時代にタイムスリップすることができる。車に煩わされず歩くことは非常に快適で、観光客が年中多い最大の理由はベニス全体が歩行者天国であるからに違いない。

　さて、北海道大学のキャンパスはおよそ東西 1 km・南北 2 km、面積 170 ha で面積はベニスの約 1/4 である。構内には南北に 1 本の大通り、東西にも数本の大通りがあり、もちろん車が多く走っている。時速 20 km の速度制限が守られているとは限らず、美しい構内をゆっくり観賞していても、すぐに車に中断させられてしまう。時には交通事故も起こるので生命の危険と戦いながら美しいキャンパスを歩くことになる。なぜこのように車が多いのであろう？　その理由は明白で、最も近い地下鉄の駅から校舎まで数百 m から

図 4.18　太鼓橋の階段は乳母車に不便
（乳母車を引き上げている女性）

1 km もあり、歩いて 10 分程度はかかる。一方、車を利用すると校舎から数十 m のところに駐車できるのである。構内を歩くたびに、道路が車に特に便利なように配置されているので、たまらなく不公平を感じる。マイカーのために構内に多くの駐車場を設け、しかも無料で使用させている。マイカーの禁止か大幅な制限、あるいは少なくとも、キャンパスの周囲に駐車し、そこからは歩くようにするべきであろう。

　大学の構内のみではなく、特に車に便利なように造られたのが現代の都市である。札幌市内の地下鉄・市電・バスを経営している交通局は毎年大幅な赤字に悩まされている。利用者が予想ほど伸びていないのが原因である。札幌市内はまだそれほど交通渋滞がひどくなく、マイカーが公共交通手段と時間的にほぼ同じか、多くの場合は短時間で目的地に着く。東京のように札幌の交通事情がもっと悪化し、マイカー通勤がほとんど不可能となった場合には、公共交通手段がもっと利用されることになるのであろう。しかし、それまで待つというのでは、いかにも情けない。ベニスを見習い、歩行者を大切にした都市はできないものであろうか、と毎日大学の構内を歩きながら考えている。(1995 年 12 月)

4.13 通貨レートの変動と価値

国際会議でカナダ、米国、メキシコを訪れた。会議の内容については別の機会に譲ることにして、通貨のことについて素人の私が感じた点を述べてみたい。

海外旅行などの際に、すぐに気になるのが通貨の違いである。超大金持ちならいざ知らず、庶民は買い物やレストランの支払いの度に「X ドルだから、Y 倍して Z 円」といちいち計算し、得をしたような感じになったり大損をしたような感じにもなる。(もっとも、庶民のみではなく、相当な大金持ちもこのように感じているようである。)

一カ国にしばらく滞在するのであれば、次第にその通貨に慣れるが、次から次へと数カ国も旅行すると、通貨の交換レートを考えることだけでも疲れが増す。さらに、その度に米ドルを現地の通貨に交換したり、残った現地通貨を再び米ドルなどに替えたりするのが煩わしいし、手数料もかかる。

さて、1996 年 6 月の交換レートは、1 カナダドルは 80 円、1 米ドルは 110 円、1 メキシコペソは 15 円であった。いずれの通貨も少し手元に残っているので、次のようなことを思い出しながら、今後の通貨レートの変動を多少気にしている。

ちょうど 1 年前、1 米ドルを 80 円で購入した (図 4.19)。今は、なぜその時にもっとドルを購入しなかったのだろうと悔やんでいる。そして、このようなことを気にする自分の小人さに自分自身あきれているが、通貨レートはニュースの度に報道されるので、小人であるのは私だけではないと、うそぶいている。

インフレが大きい国では、通貨価値が大幅に下落することは珍しくない。私がペルーに滞在していた 1989〜91 年の年間インフレは 30 倍、2 年間で通貨の価値が 1/1000 になった。現在では新しい通貨を用いているので、当時のお札約 1,000 枚を、通貨としてではなく、その当時滞在していたことの記念として書斎に飾ってある。

また、1984 年カナダに行った際に、当時の北米の定期預金の利息が年間 10% 以上であったことに驚いたことを思い出す。当時の日本の定期預金の利息は年間 5% 程度であったので、円をドルに替えて北米で預金するとかなり

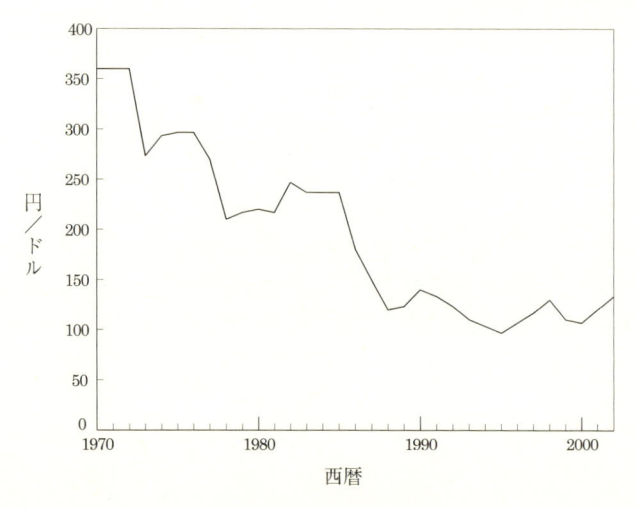

図 4.19　円／ドルの変動

得をするはずなのに、なぜ多くの日本人が、そうしないのであろうと不思議に思った。

1 年後に帰国して間もなく円の価値が上昇し、相対的にドルの価値が下落した。この時は、金融の専門家が、通貨レートの変動を予測し、円をドルに替えることは得にならないと認識していたに違いないと考え、やはり専門家は違うなあと感心した。

しかし、バブル経済の絶頂期に、日本の土地を売ると米国の国土全てを購入できるという計算をニュース番組で聞いたことも思い出す。そのようなことは実際には不可能であるから、日本の土地価格はおかしいと素人の私さえ感じた。

そのまま土地価格が上昇し続けた場合、日本の国土を売却すると、米国のみならず日本以外の世界の全ての土地を購入できる計算になる。このようなばかげたことを夢見ていた日本の全ての金融機関の人間は、その道の専門家としての資格がなかったことになる。よって、彼らは、高額の給与をもらう資格がないし、少なくとも今まで受け取りすぎた給与を返却すべきと、最近の金融機関関係のニュースを聞く度に感じている。(1996 年 8 月)

4.14　1991年独立のスロベニヤ共和国

1997年6月24〜27日スロベニヤ共和国で開催された「次世代の耐震規定のためのワークショップ」に参加してきた。

スロベニアは1991年に旧ユーゴスラビアから独立を宣言し、その直後にユーゴスラビア軍の侵攻があったが、幸いにも双方とも犠牲は少なく、独立を果たした。スロベニア共和国の国土は面積約2万km^{2}で四国ほどの大きさである。全人口は約2百万で、首都リュブリアーナの人口は約33万である。国土は、西にイタリア、北はオーストリア、東はハンガリー、南はクロアチアと接しており、アドリア海にも一部面している。

スロベニアは旧ユーゴスラビアの中では最も裕福な地域であった。独立のきっかけは、民族や言語の問題の他に、支払った税金のほとんどが、南部の地方を支えるために費やされてきたことに対する経済的な不満も大きかったようである。国内総生産は1人当たり日本の約1/4とはいえ、大学までの授業料や医療費は無料で、社会主義のよい点はしっかり残っているような国という感じがした。少数ではあるが私の友人・知人の生活は、一般的日本人（私を含め）よりも裕福のように感じた。

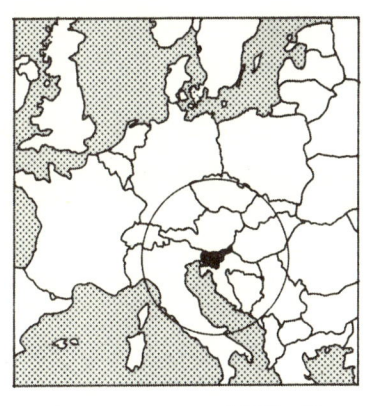

図4.20　スロベニアと周辺の国々
（円は首都から半径500 km）

アルプスの南側に位置するスロベニアの観光地として有名なのは、ブレッド湖、ボヒニ湖、ポストイナ鍾乳洞である。首都リュブリアーナも、ゆっくりと散歩しながら中世の古い街並みを見物することができる観光地である。ポストイナ鍾乳洞は、美しさは世界一といわれており、トロッコのような列車で奥まで入り、そこから一周 1.5 km ほど鍾乳洞を歩くコースも欠かせない。

ブレッド湖畔のホテルで行われたワークショップは、米国とスロベニアとの研究協力プログラムの一環として行われた。実際は、スタンフォード大学とリュブリアーナ大学双方の研究者の密接な研究協力が以前から行われており、このような背景の下で、このワークショップが開催されたのである。

ここで、スロベニアに対する日米の比較をしてみると、スロベニアの首都リュブリアーナには、米国大使館はあるが、日本大使館はない。日本は隣国のオーストリアにある日本大使館を窓口としてスロベニアとの外交を行っているようである。一方、スロベニアは、米国のワシントンに大使館、ニューヨークに総領事館、オハイオ州とカリフォルニア州に領事館を設置し、日本では東京に大使館がある。

日本は、海外援助の予算が世界一といわれているのに、なぜ日本大使館がスロベニアにないのであろう。小さな国だから今後も大使館を置かず隣国の大使館で間に合わせるのであろうか、あるいは、独立して間もないため、大使館設置が遅れているのであろうか。米国の外交は、ヨーロッパが最重要であるのに対して、日本にとってはヨーロッパを最優先させることができないからなのであろうか。(なお、外務省東欧課に問い合わせたところ、今のところスロベニアに大使館を設置する計画はないとのことであった。)

この点のみから判断するわけではないが、日本は海外援助の予算規模では世界一となったが、外交に関してはまだまだのような感じがしている。(1997 年 8 月)

4.15 エッフェル自身より有名なエッフェル塔

1998 年 12 月に国際会議のため 1 週間ほどパリを訪れた。連日の会議と雨で、残念ながら市内を見る機会はほとんどなかった。さらに、滞在中、ルーブル美術館はストライキで全く入ることもできなかった。そのためであろうが、他の美術館・博物館は入り口に長蛇の列ができ、結局どこにも入らず仕

4.15 エッフェル自身より有名なエッフェル塔

図 4.21　霧のエッフェル塔
(塔の電光板は西暦 2000 年までの日数を示していた。)

舞いであった。そこで、霧のため先端はほとんど見えなかったがエッフェル塔について述べてみたい。

　エッフェル塔は 1889 年のパリ万国博覧会のために造られ、当時としては世界で最も高い建造物であった。というより、フランス革命 100 年を記念する博覧会で、フランスが世界の技術界のリーダーであることを誇示するために世界一となるものを建設したかったのである。このためのアイデア募集で選ばれたのが技術者エッフェル (1832〜1922) の高さ 300 m の塔の建設であった*。

　エッフェルは優秀な技術者であるばかりでなく、鉄骨加工会社を経営し、プロジェクト全体をまとめていく卓抜した能力も持っていたようである。彼の作品には、発明とはいえないとしても、多くの技術的改良、独創的洞察の集約、さらに経済的裏付けが十分なされている。

　エッフェル塔を手がける以前にも多くの鉄骨構造物を設計・施工しており (あなたも知っている？)、十分経験があった彼は、エッフェル塔の建設においても、施工中の諸問題や作業員のストライキにもかかわらず、250 人の作業者で 8,000 トンの鉄骨を組み上げ、2 年 2 か月余で博覧会の前に塔を完成させた。さらに、建設費を 5% も余らせ、多くの利潤をあげたのである。

＊ マリオ・サルバドリー著「建築構造のはなし」望月重、北島哲男共訳、鹿島出版会

世界一のエッフェル塔に対し、当初はパリの伝統美を損ねるといって反対した文化人・芸術家も多く、取り壊しの話もあった。しかし、完成後は電波塔さらにテレビ塔として活用されるようになり、現在はアンテナを含めると高さ321mの塔がすっかりパリの一部になってしまった。

反対する人も多かったが、それにも増して多いのが見物客であった。完成直後の一年間に200万人が訪れてたという。初めは、塔の展望台からパリ市内を見渡す目的で人々が集まったが、次第に塔自体を見るのが目的で訪れる人が多くなり、現在でも毎年300万人が訪れるパリのシンボルとなってしまった。当時、反対した文化人・芸術家といわれる人々が生きていたら、なんと思うのであろうか。

エッフェルは、彼自身の名前よりもエッフェル塔のほうが有名になってしまったことに苦言を呈していたようではあるが、内心では大いに満足していたに違いない。

今では、高さ300mを超える高層建造物は数多くある。しかし、エッフェル塔は世界の高層建造物の先駆けとなったモニュメントで、より高い建造物ができればできるほどエッフェル塔が有名になっていくであろう。

さて、最後にクイズ：米国にもエッフェルの手がけた傑作がある。非常に有名で、誰もが（あなたも）知っているが直接目に触れることは極めてまれである。それは何でしょう？　答：それは自由の女神像の内部の骨組みです。1884年にフランスから米国に贈られた高さ46mの自由の女神像の内部には鉄骨の骨組みが入っており、高さ47mの台座の上にのっている。エッフェルはこのような実績を基にエッフェル塔を完成させたのである。（1999年2月）

4.16　ベトナム・ハノイの住宅と橋

ベトナム＝ベトナム戦争、ハノイ＝北爆と連想する人も多いであろう。私自身その程度のことしか知らず、2001年3月末にハノイでの国際会議に出席した。その間に見聞したことの一端を紹介したい。

ハノイ市周辺の最近の住宅は、断面20cm角程度の鉄筋コンクリート造の柱・梁（はり）で構成されるフレームにレンガ壁を組み込んだ構造となっている（図4.22）。レンガは通常の焼成レンガで、長手方向に2つの孔が貫通しているものは内壁に用いる。道路に面している建物の間口5〜6mは全面が開

4.16　ベトナム・ハノイの住宅と橋

図 4.22　建設中のベトナムの建物

図 4.23　ベトナムの典型的な住宅郡

口となっている。奥行きは10数mあり、隣家に面している両側の壁には窓などの開口がない建物も多い。このため、建物を連続して建設することもできる（図 4.23）。

イスラム教の国でもないのに、なぜ尖塔が屋根の上にあるのかとの疑問を持ったが、これは避雷針であることが分かった。他にも気になる点があり、その一つは建設中の建物の壁には、レンガを数枚積み残したような孔が所々に開いていることであった（図 4.22）。建設中の建物をいくつか見ているうち

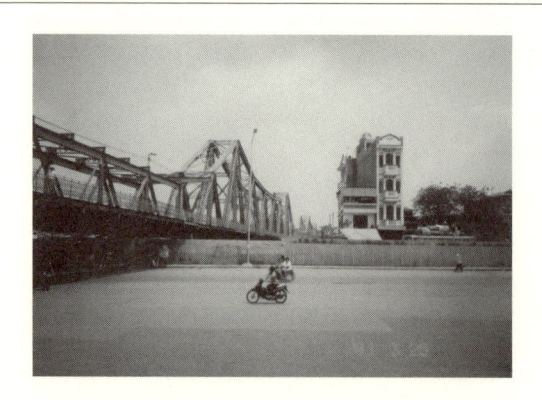

図 4.24　エッフェルの設計によるロン・ビエン橋

に分かったが、この孔は足場を作るためのものである。壁の孔を通して柱程度の木材を両側の壁に 2～3 m 毎に掛け渡し、更にそれに足場板を掛け渡すのである。建設用の足場を建物の外側に作るのではなく、建物本体の壁を利用し、建物内部に足場を作る巧妙な建設方法である。

さて、ハノイのホン川に架かっているロン・ビエン橋は、エッフェル塔で有名なエッフェルが設計したものである（図 4.24）。この橋は鉄道と歩行者・自転車・バイク専用で自動車は通行できない。数百 m 下流には自動車が通れるチューン・ズーン橋があり、この橋を通る際にロン・ビエン橋全体を見ることができる。スパン毎に左右対称の吊り橋の形状に似せたトラス橋は構造的に優れているかどうかは疑問であるが、美しいフォルムである。しかし、左右対称でない部分もあった。これはベトナム戦争中の北爆で破壊され、復旧の時に形が変わってしまったに違いない。

ベトナムは長年に渡って中国の支配下にあり、近年ではフランス領、そして米国とのベトナム戦争にも耐えた国である。短期間の滞在であったが、人々が勤勉で時間を守ることに感心し、交通事故の心配はあるが、治安などその他の面では安全であることなどを実感した。これらが、美味しい食事と物価の安さに加わり、日本における最近のベトナム・ブームの一因であるに違いないと感じながら帰国した次第である。（2001 年 6 月）

4.17 小便小僧とその妹版

2002年12月にベルギーの首都ブリュッセルで ISO の構造物の設計の基本を扱う TC98 委員会が開催された。ブリュッセルに行くのは初めてなので、旅行ガイドブックに目を通してみた。恥ずかしいことながら、ベルギーの国語はオランダ語とフランス語で、更にドイツ語も使われていること、EU（ヨーロッパ連合）や NATO（北大西洋条約機構）本部のあることなどを初めて知った。

それでも、小便小僧の像がブリュッセルにあることだけは知っていたので、その坊やを見に行った（図 4.25）。観光シーズンではなかったが、寒い日の早朝から観光客がかなり訪れていた。この像は、敵軍が点火した爆薬の導火線に、おしっこをかけて火を消し勝利を導いた王子を象徴し、1619年に造られたものといわれている。高さ 60 cm 程度のブロンズ製の像は見た目もかわいらしく、その模倣は各地にある。

ところが 1987 年に、この妹版ともいうべき像が近くに造られた。しかし、パロディにしては精巧にでき過ぎているせいか、不人気のようで、私が訪れたときには誰もいなかった。誰もいなかったことに多少安心するとともに、

図 4.25　ブリュッセルの小便小僧

何でも男女平等とはならないよい例であるなどと考えているうちに、性差別用語の禁止運動について思い出した。

スチュアーデス (stewardess) から客室乗務員 (cabin attendant) に変わったのはいつ頃だったであろう。ウーマンリブ（女性解放運動）は1970年代に始まったので、その後に違いない。今では、すっかり客室乗務員という言葉に慣れ、スチュアーデスはいずれ死語になるのであろう。

議長・チェアマン (chiarman) の代わりにチェアパーソン (chairperson) というのを20年以上も前に初めて聞いた。最初はわざとらしく聞こえたが、次第に違和感がなくなり、今では一般の辞書にも載っている。もっとも、chairperson の中には son（息子）が含まれているのに、娘 (daughter) は含まれていないので、男女平等ではないと理屈をつける人もいる。これはこじつけと一蹴する人でも、人類を mankind というのは女性を無視しているとの説明には、納得できる人も多いであろう。（なお、humankind もあるが、一般にはあまり用いられないし、womankind は女性のみを表している。）

さて、歴史の history は、his（彼の）story（物語）とも解釈でき、男だけで歴史を作っている印象を与えるので納得がいかないという人もいるらしい。これに対抗して、女性の目から見た歴史を her（彼女の）story（物語）とするのはどうかと聞いたことがある。しかし、これは全く用いられていないし、将来も用いられることはないと思っている。それは、"Don't tell stories." は「嘘をついてはいけません」と子供を叱る時の表現で、story には作り話・嘘という意味もあからである。一見、女性を尊重したような herstory は「彼女の作り話」という意味を暗示するかも知れず、女性にとっては全く受け入れられないだろう。

このようなことを考えているうちに、history はやはり his（彼の）story（物語）、すなわち歴史とは都合がよいように脚色した「男の作り話」と解釈すると納得できることが多いのに気が付いた。勝利を収め生き残った男から見た（現時点での現体制の）過去に対する解釈が歴史であり、将来その解釈が変わることを前提に history といっているのであれば、何と謙虚かつ適切な表現であろう。最近の北朝鮮やイラク問題のような国際情勢に対する現時点の判断は、いずれ歴史的に見直されるはずで、その時はどのように変化した解釈となるのであろう。（なお、history はギリシャ語を語源とし「過去を知り学ぶこと」の意味である。）（2003年2月）

4.18 パルテノン神殿とオリンピック競技場

2003年4月にギリシャの首都アテネでユーロコード（ヨーロッパ統一基準）の耐震規定の委員会があった。委員会は毎年1～2度開催されており、オブザーバーとして時々参加してきたので、アテネ郊外で4年前に開催された委員会のことを思い出しながら、アテネに向かった。

建築に興味のある人でなくとも、アテネに行ったら必ず訪れるのがパルテノン神殿であろう。前回はバスツアーの一環として行ったパルテノン神殿を一人でゆっくり歩いてみた。

パルテノン神殿は平面が31 m × 70 m、周囲に並んでいる46本の円柱と切り妻（三角）屋根で構成された美しい建築である（図4.26）。柱の直径は約2 m、高さは約10 m、中央が少し膨らんだ細長い樽のような微妙な形状をしている。縦には20本程の溝が彫られており、陰影が美しい。柱は一体ではなく、直径約2 m・高さ約1 mのユニットを10段ほど積み重ねたものである。改修中の柱を見ると、各段の重なる面の中央には1辺10 cm・深さ5 cm程の正方形の穴があり、これにだぼを入れて各段がずれないようにしたと想像される。（そばにいた管理人に聞くと、多分だぼは木材とのことだった。）

図4.26　アクロポリスのパルテノン神殿

図 4.27　アテネ競技場（1896 年第 1 回近代オリンピック会場）

　柱の上には桁が載っており、桁は柱の中心から隣接する柱の中心までの長さである。数本の柱の上に同時に一本の桁を架け渡すのではなく、桁の長さが短くなるようにしている。柱を 10 段にしているのも、実際に建設する人間なら当然考えることではあるが、積み重ねていく大理石のユニットの重量を（10 トン程度に）少なくするためであろう。

　これを見て、エジプトのオベリスクは高さ 30 m もあり、一体の大きな花崗岩（重さは数百トン）であったことを思いだした。パルテノン神殿の美しさ・建築的な価値に異論はないが、それより 1,000 年以上も前のオベリスクの方が建設技術としては優れていたと考えられる。

　パルテノン神殿の素晴らしさはに感動するのは近くから見る時だけではない。それが丘の上のアクロポリスの一角にあり、アテネ市内のどこからでも見ることができることに一層の素晴らしさがある。平地にはまだ陽が射していない時刻に、朝日・夕日を浴びるパルテノン神殿を遠くから眺めた 2,500 年前の人々は何を感じ生活していたのであろう。

　さて、アテネ市内には 1896 年の第 1 回近代オリンピックが開催されたスタジアム（図 4.27）もある。自然の地形を利用した 5 万人の観客席は圧巻である。このスタジアムは古代のものをできる限り再現したもので、（当時は観客は立ち見であったようであるが）今から 2,300 年も前に、このように大きな

図 4.28 アテネ競技場から見たパルテノン神殿
（左下の旗竿は図 4.27 の左上奥の観客席の端に立っている。）

施設を造り、スポーツ大会を楽しんでいたとは本当に驚かされる。

2004 年にはアテネでオリンピックが開催されることになっており、そのスタジアムは市の北部の郊外に建設されている。新しい競技場が古代のものとどのように異なり、今後 100 年いや 1,000 年、2,000 年後にどのようになっているかなどと空想するのも 2004 年アテネ・オリンピックの楽しみである。（2003 年 6 月）

（アテネ競技場はオリンピックのマラソンのゴールであったことを思い出す人もいるであろう。なお、この競技場からはパルテノンの神殿が図 4.28 のように見える。）

4.19　インドネシア人間居住研究所の第三国研修

インドネシア共和国バンドン市にある人間居住研究所で「建築技術者のための持続可能な構造安全設計の国際コース」が開催され、講師として日本の耐震基準の説明などをしてきた。今回は、1982 年から 10 年間行われた「建築技術者のための地震学・地震工学の国際コース」、1993 年から 5 年間行われた「建築技術者のための地震防災に関する国際コース」に引き続き 1999 年から 5 年間行ってきた研修の最終回であった。

これらのコースは国際協力事業団の第三国研修と呼ばれるもので、日本の

援助でホスト国（この場合はインドネシア）が行う研修に、近隣諸国からの研修生 10 名程度と国内研修生も数名参加するものである。

コースの期間はほぼ 1 か月で、講義や演習が毎日行われ、約 1 週間のバリ島への研修旅行もある。バリ島では講義などを早朝に行い、日中には観光も組み込まれている。インドネシアの観光地として最も有名なバリ島への研修旅行は、外国からの研修生にはもちろん、国内の研修生にも初めてバリ島へ訪れるものが多く、非常に好評である。日本から参加する講師にとっても魅力的であるが、残念ながら日程の都合で私自身は参加できなかった。

1982 年の最初のコース発足当時、筑波研究学園都市（現在のつくば市）の大型耐震実験施設の共同利用に関する日米共同研究が始まっていた。その中で、この研修の計画を知った米国側は、米国も参加したいと申し入れがあり、米国の予算で最初の数回は講師 2 名が研修旅行中に参加していた。

この最初のコースを企画したのは 20 数年前のことで、研修旅行などは私が建築研究所国際地震工学部に所属していた当時に提案したものである。コースの名称は変わっても、第三国研修が引き続き行われているのは、最初の企画を担当したものにとって非常に嬉しいことである。

インドネシアの講師には日本の建築研究所で地震工学研修を受けた人も多く、私自身この研修に長年関与してきたため、多くが顔見知りであり、全てがスムーズであった。開催地のバンドン市の標高は約 700m で、朝夕は涼しくリゾート風のホテルでの滞在も快適そのものであった。

人間居住研究所は以前バンドン市内にあり建築研究局と呼ばれていた。本館と実験施設は離れた敷地にあり、不便なことが多かったが、12 年前にバンドン市郊外の 10ha の敷地に本館と各種実験施設が日本の援助で建設され移転した。2 階建の本館（図 4.29）の中庭にはイスラム教のモスクがあり、現地の実情を反映した素敵な建築様式である。

ところが、実際に使用して困ったこともある。一つは、錠前などは全て日本製で合い鍵を作ることができないことである。鍵を紛失すると大変なことになるが、合い鍵ができないので防犯上はメリットとなっている。もう一つは、実験施設の外壁の仕上げ材である。外壁は全て波形石綿スレート板で、アスベストスの発癌性という健康問題と、外壁の補修に問題がある。同じ規格（形状）の波形板がインドネシアでは手に入らないので、傷んだ部分の交換ができないのである。

4.19 インドネシア人間居住研究所の第三国研修　　　　　　　　　　139

図 4.29　バンドン市郊外の人間居住研究所本館

　施設計画の当初にこのようなことについて、インドネシア側と十分打ち合わせたのであろうか。海外援助というと、援助する方は「やってやる」、される方は「やってもらう」という意識が働き、対等な論議ができないことが多いようである。現在は援助する立場の日本として、海外援助に携わる者の全てが援助してやるという意識を払拭し、国際社会の一員として相手のことを第一に考え、謙虚に海外援助をしなければならないと常日頃から思っている。
（2003 年 10 月）

第5章

ペルーについて

5.1 ペルーの首都リマと雨

　リマに滞在中*はこの地に関することを書いてみたい。ペルー共和国は南米の太平洋岸に面する人口約 2,000 万の国 (図 5.1) で、その首都リマも太平洋に面していて人口約 700 万である。リマは南緯約 12 度に位置しているので、熱帯の暑い所と思われるかも知れないが、近くを流れるフンボルト寒流の影響で、気温は年間を通じて高くとも摂氏 30 度くらい、低くとも 10 度以下になることはないので、気候的には非常に住みやすい所である。とはいっても、ほとんどの住宅やアパートには冷暖房が入っていないので、暑すぎたり、寒すぎると感じることはもちろんある。しかし、リマの気候で最も特徴的なのは、年間降雨量が数ミリと、雨がほとんど降らない†ことであろう。そこで、雨が降らないリマで気の付いた点を示してみよう。

　当り前のことだが、傘は不要であり、売っているのを見かけたことがない。もっともリマから少し内陸に入ると雨が降るので、売っている所はあるはずだが、日本のように、デパート、スーパーはいうに及ばず、駅の売店、街角の文房具店、たばこ屋、さらには自動販売機とどこででも手に入るのとは対象的である。

　雨が降らないし、季節ごとの天候のパターンが決まっているので、天気予

---

* 著者は 1989 年 3 月から 1991 年 6 月までペルーに滞在した。
† ペルーは雨がほとんど降らない海岸地帯、アンデスの山岳地帯、アマゾンの密林地帯の三つの気候帯に分けられる。

図 5.1　南米のペルー共和国と首都のリマ

報というものが不要で、ラジオ、テレビ、新聞で、天気に関することはほとんど報道されない。運動会やゴルフのコンペなども雨で流れることは全くないので、「明日は（予定している行事が）あるかどうか」と気をもむ必要も一切なく、いたって精神衛生上はよい。もっとも、雨で（行事が）流れてほしいと思っても無駄である。

　建物については、日本では雨が侵入してどうしようもないと思われる窓まわりなどのディテールでも問題がない（図 5.2、図 5.3）し、さらに屋上の防水層も必要がない。増築する予定のビルは、単に必要な部分までコンクリートを打っておくだけでよく、仮の防水層、雨仕舞などは不要であり、至ってことは簡単である。有名建築家が設計した建物は、新しい試みが取り入れられているせいもあって、竣工してから雨が漏って困るという話しは、日本では多いが、ここでは、その心配も全く不要である。そのため、お粗末な施工の建物も多いが、反面デザインに凝（こ）った建物も多いようである。

　リマの市街を見渡すと、日本では街の美観を損なう電柱と電線が見当らない。配線は地下にあるとのこと、日本でも余り普及していないのに、経済状

図 5.2 リマのマンションの回転窓

図 5.3 リマのマンション回転窓の詳細

態も決してよくはないペルーでよくできるなあと思ったら、雨が降らないので地下部分の工事も比較的容易にそして安価にできるとのこと。しかし、地上に電線を出しておいたら、電線が盗難されやすいし、テロの格好の目標になるとの話も聞いた。ペルーの現在の経済状態とテロによる送電線の爆破で停電が時々あることを考えると、この冗談まじりの説明が一番納得できる。
(1989 年 8 月)

5.2 中南米とスペイン語

　中南米諸国ではブラジルを除きスペイン語が話されており、スペイン本国を含めスペイン語圏の面積や国の数からいって、スペイン語は国際語の代表であろう。特にスペイン語圏の人はこのように信じており、日本ではスペイン語が全く通じないといって驚く人も多い。

　スペイン語の特徴として、まず第一に、発音は日本人にとって易しい。おおむねローマ字のように読むだけでよい。母音はアイウエオの5つで日本語とほぼ同じである。英語ではカナで書くと同じであっても、発音は異なっており正確に発音しないと意味が通じない場合が多いが、スペイン語ではこの様なことは少ない。

　子音では、f は英語と同じように下唇を軽く噛むが、v は b と同じように発音する。英語の th の発音はない (c, z を英語の th のように発音する所もある)。z は s の様に発音する。日本人にとって難しいのは l, r, rr の発音である。l は舌を英語よりは平たくして口蓋につけ、r は舌を軽く振るわせ、rr は舌をさらに数回振るわせる。y と ll は地方によって発音が異なるが、ya, lla は両方ともヤ、リャ、ジャのように発音し、いずれでも通じる。h は全く発音しない。日本語のハヒフヘホに相当する綴りは ja, gi, ju, ge, jo、カキクケコは ca, qui, cu, que, co、ガギグゲゴは ga, gui, gu, gue, go となる。ña はニャと読む。アクセントの位置は母音と s, n で終わる単語は最後から2番目の音節、その他は最後の音節、それ以外はアクセント記号を付ける。

　発音についてはおおむね以上の通りであり、いたって簡単なので西和辞典には発音記号が全く示されていない。

　スペイン語の単語の多くは母音で終わっているので、音は聞き取り易く、またこのため日本語と同音のものが多くある。例えば、スペイン語 (発音) /日本語の順で書くと、ajo (アホ) /任肉 (にんにく)、(バカ) /牛肉はスペイン語を学び初めてすぐに覚えてしまう。seco (セコ：瀬古) /乾燥した (完走した?)、húmeda (ウメダ：梅田) /湿った、casa (カサ：傘) /家、química (キミカ：君か) /化学、templada (テンプラダ：天ぷらだ) /温暖な、calamar (カラマール：絡まる) /いか、huaca (ワカ：和歌) /古墳、caída (カイダ：下位だ) /落下、などのように同音の日本語が頭に浮かんできて覚えやすいものも多い。

しかし、これに頼り過ぎると、話す段にどちらがスペイン語か分からなくなる危険性がある。

ラテン語から生まれたスペイン語は英語と同じような綴りや発音の単語も多く、特に長い単語や、学術用語はそうである。例えば、スペイン語（発音）/英語：日本語の順で、matimáticas（マティマティカス）/mathematics：数学、ciencia（シィエンシィア）/science：科学などとなる。英語の単語で-tionで終わるものは、スペイン語では-cionとなり、atracción（アトゥラクシィオン）/attraction：呼び物である。

スペイン語ではsで始まる単語は全て次が母音となり、英語のようにsの次に子音が来ることはない。このような場合には、発音がしやすくなるようにsの前にeが付き、estación（エスタシオン）/station：駅, escándalo（エスカンダロ）/scandal：醜聞（某国*の首相の女性問題の記事もこの地の新聞に載った）となる。

英語と同じだろうと思うものでも、全く異なるものもある。ビールを追加注文しようとし「ビール・プリーズ」と言ったら、勘定書billを持ってきた、という話しは英語の冗談にあるが、「ビル、ビヤ・・・」などといくら発音を変えてもスペイン語にはならない。スペイン語でビールはcerveza（セルベッサ）である。

スペイン語の最大の難関は動詞の変化である。全ての動詞は1・2・3人称、単数・複数と現在形のみで6種の変化があり、そのほか過去・未来、さらに仮定・命令などの変化があり、学ぶ者にとっては全く頭が痛い。もっとも、このため主語が省略でき日本語と同じような便利な点もある。

最後に、スペイン語の発音練習をしてみよう。早口言葉はスペイン語ではtraba lenguasその一例は、Rápido ruedan las ruedas del ferrocarril.（ラピド・ルエダン・ラス・ルエダス・デル・フェロカリル、汽車の車輪が速く回転しているの意味。）rの発音を巻き舌にし、lの音を明瞭に発音するのが日本人にとっては特に難しい。（1989年10月）

---

* 確か1989年の日本のことであったが、思い出す人はいる人はいるであろうか。

5.3 ナスカの地上絵の謎

古代の謎の中でも第一級のものとされているのがナスカの地上絵で、ペルーの首都リマから南へ約450kmの砂漠の中にある。地元ではスペイン語でLineas de Nazca リネアス・デ・ナスカ（ナスカの線）と呼ばれ、英語ではNazca Linesである。無数の線が描かれている点では、これらの呼び方のほうが適切かも知れないが、これ程までに人々を引きつけるのは、その中に絵があるからで、この点を重視するならば日本語の呼び方のほうがより適切のように思える。

さて、ナスカの地上絵は1939年米国の大学教授によって発見された。この絵は、約1,500年前に300年程かかって描かれたといわれている。その描き方は、酸化して黒っぽい砂礫（されき）で被われている面積約700km^{2}の広大な大地に、その砂礫を幅約60cm、深さ約20cm取り除き、その下の白っぽい地面を露出させ線としたものである。何人が何年かかっていつ完成させたかについては疑問が残るが、描き方については不思議な点はあまりない。

1,500年間も線が消えずに残っているのは、このあたりでは雨が全く降ら

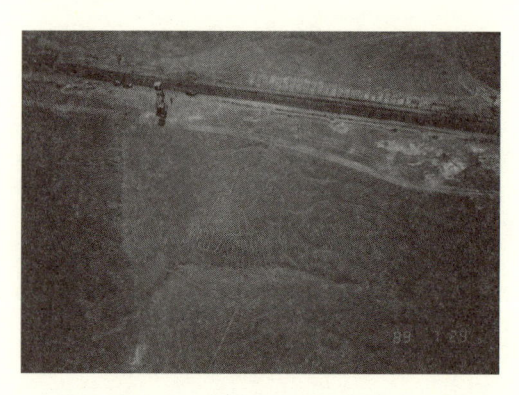

図5.4 ナスカの地上絵の手と木
写真中央が手(指は4本と5本、大きさ約50m)、左に木の一部が写っている。上方を横切っているのはパンアメリカンハイウエー、観測塔と車も写っている。

5.3 ナスカの地上絵の謎

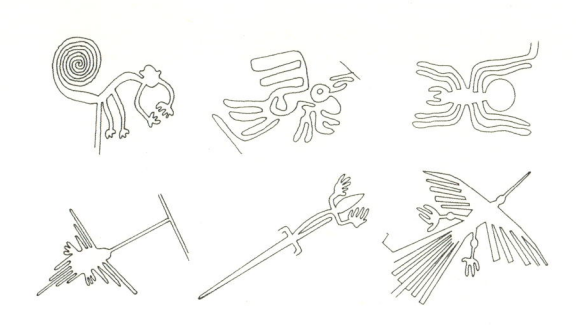

図 5.5 ナスカの地上絵

ず、また台地であるため近くを流れるインヘニオ川の氾濫にも影響されず、さらに砂礫を吹き飛ばすような強風もない状態がずっと続いているからである。このような気候が続くことについては不思議ともいえるが、なぜ今でも残っているかという点についても謎という程ではないであろう。

ナスカの地上絵には、約 10,000 本の線、約 70 の動物・植物・人間などの絵と約 30 の台形・三角形などの図形がある。線の長さは数 km 続くものも多いが、絵の大きさは最大 300 m 程度、図形の大きさは最大 800 m 程度である。いずれにしても、地表からではそれらの形状を確認することが難しく、上空からでなければ全容を把握することはできないといわれている。もっともあまり高くからでも見にくいので、高度 200～300 m 位からセスナ機のような小型飛行機で見学するのが観光コースとなっている。

このような大きな線・絵・図形を何のために描いたかが最大の謎である。上空からのみ確認できるのであれば、人類は 1,500 年前にすでに空を飛ぶことができたのではないか？ 線は冬至・夏至・春分・秋分などを示しているのではないか？ 線は星の運動を示しているのではないか？ 地上絵は星座を表しているのではないか？ 地上絵は宇宙からの使者への合図のためではないか？ などと推測している人も多い。

私自身もこのような謎の多いナスカの地上絵に少なからず興味を持っていた。先日、実際に見て、また本などを読み、実は線の長さは別として、絵のサイズが数十 m のものが多く、想像していたよりも小さいことに気が付いた。絵の大きさは運動会のマスゲーム程度の大きさである。マスゲームはヘ

リコプターから見たほうがよく見えるだろうが、必ずしもそのためだけではない。地上絵があるのは砂漠の中といっても、近くに比較的大きな川があり食物も栽培でき、人が十分暮らしていける場所の近くである。線は簡単な道具があればもちろんのこと、手のみでも砂礫を除きさえすれば書ける。直線の数 km はそれ程描くのに難しくはない。・・・こんなことを考えているうちに、次のような空想になった。

ナスカの地上絵は、収穫を祝う祭りのようなときに天に感謝を示すために大きな絵を描き、それにそって村人が踊りながら歩くために用いた線の跡ではないか？　一筆書きの絵が多いが、これは歩いていく時に都合が良い・・・などと想像している。そして、この地上絵を謎とは思わず、この何ともいえず愛嬌のある絵(図5.5)に美しさを感じ、そしてこれらを描いたであろう当時の人々に何となく暖かな人間としての親しみを感じている。(1989 年 12 月)

5.4　ペルーの 1989 年のインフレ率 2,800%

ペルーの 1989 年のインフレ率は 2,800% で、この傾向はおさまる気配がない。日本では、ラッシュアワーの地下鉄の乗車率が 250% などともいうので、100 以上の数に % をつけて用いることもあるのは知っていたが、なぜ 1,000 を越えても % を単位に用いるのかが不思議でならない。インフレ率が 3% であれば、物価が 1.03 倍になったと理解するが、インフレ率が 2,800% では、2,800% 物価が上がり 29 倍になったのか、それとも 28 倍になったのかを確かめたくなる。もっとも、どちらでも大差はないといってしまえばそれまでである。

インフレがこのように高いといろいろな点で大変である。1989 年 3 月時点の最高額紙幣は 1,000 インティで、数百ドルも換金するとインティのお札を運ぶのに鞄（かばん）を必要とした。もっとも、半年後には 100 倍の 100,000 インティ札が出まわり（ドルの価値も上がってはいるが）同額のドルを換金してもポケットの大きさで間に合うことになった。

商店などでも値札を度々変える必要があるが、毎日代えるわけにもいかないので、変える日の前後では値段が数割異なることも珍しくない。

また、現金を持っていても価値が日々に下がっていくので、現金はすぐに使ってしまう方が得になり、利息がかなり高くとも（ちなみに現地通貨の銀

5.4 ペルーの 1989 年のインフレ率 2,800%

行預金の利率は月約 20% の複利) 貯蓄をすることなどは考えないということも、実感として理解できるようになった。

これに対し、一般市民はどう対処するかというと、価値の安定しているドルを持つことになる。そしてこのドルは自分の家にしまい込まれるので、国は市民の持っているドルを資金として有効に活用できないことになり、これも経済的貧困の一因であろう。ドルを預金しない理由には、いつドルの引き出しを禁止されるかもわからないという政府に対する不信感もあろう。事実、ペルーではドル預金を一般市民はできない時期があったし、また 1989 年秋から、銀行預金の引き出しの際に 1% の税金がかかるという、預金を推奨するのとは全く反対の政策をとっている。

さて、物価が年間 30 倍になったとすると、月平均では何倍になるのだろう。月 x 倍になるとして $x^{12} = 30$、これを解くと、物価が月に 1.33 倍になり、週のインフレ率は 6.7% となる。さらに、1 日のインフレ率は 0.93%、一時間のインフレ率が 0.039% ということになる。

話しは変わるが、ペルーでは時間がきちんと守られることが少ない。時間は全員が正確に同じ時間守らないのであれば全く支障がないが、困るのは会合のときに早く来て待たされる人などであろう。30 分も 1 時間も待たされるのは本当に頭にくる。会合が始まった時には、始まってよかったと思うよりも、会合を遅らせた人々の顔を見て呪いを掛けたくなる。いや、この表現は不謹慎なので、「神よ！あの人々に他の人ほどは幸運を与えないでください」と祈る気持ちで一杯になる。もっとも、最近はこの習慣にも慣れ、自分自身が呪われたり、祈られているような気もしている。

一般に、遅れる人にとっては、30 分遅れたとしても、単に 30 分遅れただけと考えてしまうが、待たされる人の方はもっと待たされた気がするようである。また、実質的にも 100 人が 30 分待たされると 50 人時間、約人間 2 日分の損失を引き起こしたことになる。

実は、この時間の損失とインフレとは関係があるのではないかと思っている。すなわちインフレ率に見合うだけ時間を有効に使っていくならば、問題の解決となるはずである？ インフレによって物価が 1 年間に 30 倍になったとする。時間を一挙に 30 倍有効に使うことはできないが、1 日ごとに考えるならば、1 日のインフレ率は 0.93% なので 1 日に (24 時間 × 60 分 × 0.0093) 約 13 分づつ、さらに 1 時間ごとに考えるならば、1 時間に (60 分 × 60 秒 ×

0.00039) 約 1.4 秒づつ効率を上げればこの程度のインフレも解決するはずであると、経済学の理論には全く当てはまらないかも知れないが、どこでも・何でも待たされるうちに真剣にこの様に考えるようになってきた。(1990 年 2 月)

5.5 リマのアパートの条件

リマに滞在している日本人の多くはアパートに住んでいる。アパートの方が一戸建よりも安全性が高いことがその主な理由である。アパートを自分で住むと決めるときの条件には、家賃・広さ・部屋数・場所など日本でも当然考慮することのほか、日本では全く考えに入れなくても済むことを考慮しなければならない。ペルーの側面を理解するのには、それらの条件を知ることも役に立つのではないかと考え、主なものを以下に紹介しよう。

(1) 停電が多くないこと。 リマの電力事情は余りよくなく、例えば、テロリストによって送電線の鉄塔が爆破され、一系統でも供給が止まると、市全体には電力を供給することができず、計画的に地域・時間を変えながら停電を行うことになる。政府要人の住んでいる地域は停電が少ないので、この地域内に住むのがよい。もっとも政府要人はテロリストの目標ともなり、彼らの家に近過ぎるとテロ事件に巻き込まれる可能性があるといって心配する人もいる。

(2) 水がちゃんと出ること。 アパートの水は屋上タンクから供給される。停電になるとタンクまで送水できなくなり、タンクの水がなくなれば断水となる。このため、バスタブに水をためておくことが習慣となる。

(3) 電話は直通で国際電話が掛けられること。 古い電話は、交換手を通して国際電話を掛けることになり、不便であるほか、故障も多い。ペルーでは、電話回線が不十分なため、通常の手続きで電話を頼むと何年も待たされるので、最初から電話が付いていることが必須となる。

(4) アパートの階は 1、2 階でないこと。 1、2 階は泥棒に入られ易く、また爆破事件などは 1 階で起こることが多いので危険である。もっとも、階が上過ぎると停電でエレベーターが止まったとき、歩いて階段を上下しなくてはならないので大変なことになる。

5.5 リマのアパートの条件

(5) 湯のタンクの容量が十分であること。 湯は電気の湯沸しタンクから供給される。タンクの容量が十分でないと風呂やシャワーの途中で湯が水となり、寒いときには特に悲惨である。

(6) トイレは紙を流せること。 排水のパイプが細いと紙が詰まり易く、トイレットペーパーを流さないで下さいと書いてあるところもある。

(7) 洗濯機のほか乾燥機もあること。 たとえ、使用人が洗濯するにしても洗濯機は便利だし、リマの冬の気温は10度以下になることはないが湿度が高いので乾燥機は非常に便利である。

(8) 駐車場は安全性が高いこと。 外から車が見えると悪戯(いたずら)され易い。ちなみに車の外側の部品(ライト、ワイパー、ホイルキャップなど)はよく盗まれる。

(9) 信頼できる門番が24時間いること。 上記のようなこと・夜遅く帰ること・旅行などで家を開けることなども多いので24時間体制のガードが必要である。

(10) 大家が良い人であること。 何かトラブルが生じると、結局大家に頼むことになる。すぐ対応してくれる人も居るが、一般にはその度に苦労する。このため大家は女性でないことを条件にする人もいる。

(11) 騒音が少ないこと。 日本と違い雨の降らないリマでは、窓の雨仕舞いも悪く、そのため音に対して窓の遮音性を期待できない。私自身、最初の夜に昼間と同じ位の騒音に驚いたが、今では大分慣れてきた。

(12) 蛇口から湯水がちゃんとでること、また漏れがないこと。 蛇口があるからといって、湯水が出るとは限らないので、自分で確認する必要がある。電話、電気のコンセントについても、同様に確認する必要がある。

ペルーでは、日本ではすぐに解決するようなことでも、何日も何週間も、いや何か月もかかることが珍しくはないので、アパートを捜すときに以上のような点を初から考えなくてはならない。また全てを満足する物件はないので、何らかの妥協をする必要があり、「配偶者を選ぶのと同じですよ」などという人もいる。

最後に、地震に対し安全性が高いことを地震防災センターの専門家として

考慮しないわけにはいかない。幸いなことにリマの地盤は非常に硬質で良好であり、設計や施工について多少の心配はあるが、耐震に関しては安心している。(1990年4月)

5.6 リマの交通事情と車

ペルーの首都リマは人口は約700万、ペルー全人口の約1/3が集中している大都市である。しかし、市内の交通機関としては、電車や地下鉄がなく、バスの他にコレクティーボと呼ばれる小型バスが主なものである。もちろん一般の自家用車やタクシーも多く走っている。

リマの街に出てすぐに目に付くのが、走っているバス、自動車の古さである。日本で走っている車は間違いなくこの国では全て新車といえる。ここでは20年いや30年以上走った車も決して珍しくはない。古い車に修理に修理を重ねて使っているのを見ると、日本では見直されつつあるが使い捨ての恥ずかしさを感じさせられる。

車の種類として一番目に付くのがフォルクスワーゲンかぶと虫である。この車はブラジルでも製造していたため多数輸入され、製造中止となっているにもかかわらず、最もポピュラーな車である。同じ車式であっても多数走っ

図5.6 フェンダーのないフォルクスワーゲンかぶと虫

5.6 リマの交通事情と車

図 5.7 問題：地面の溝は何ですか？

ているので、いろいろなものに出食わす。

ライト、ウインカー、バンパーなどの部品が一部ないのは珍しくはない。ちなみに、ここでは車の運転免許の実地試験では手で方向を合図することになっている。車輪の覆いの部分（フエンダー）がないものも多く、中には四輪ともむき出しのものもあり、かぶと虫は一見レーシングカーのような感じでなかなか格好がよく、世界の名車と呼ばれたような車はこのようになった状態でも機能美を持っていることに感心させられる (図 5.6)。

車のタイヤもほとんど溝がないものが多く、日本では確実に車検不合格であろうが、雨がほとんど降らないので問題となることは少ない。でも、年数回の道路の表面がちょっと濡れる程度の雨でも、坂道などでスリップによる事故が多発する。

以前、日本で海外からの研修生に、日本の車はなぜ全て新しいのか？と聞かれたことがある。その時には、日本には車検制度があり、年数が経つと車検にかかる費用も増加するので、数年で車を買い替える人が多い、と答えたことがある。ペルーでは数年前まで車検制度があったが、車を修理するにしても部品がないこと、そのため車検の証明書がワイロさえ出せば簡単に手に入ることが現状となり、現実的解決策として車検制度を止めてしまった。このような状況を知った今では、私が以前に研修生に答えたことが彼にはいかに納得いかなかったであろうと反省している。

図 5.8　答え：自動車修理工場です。

さて、大学の前の道路の中央分離帯に図 5.7 のような幅約 60cm、長さ約 3 m、深さ約 1m の溝がある。この溝は何ですか？ という問題が日本のテレビのクイズ番組に出たそうである。答えは、図 5.8 に示すように自動車の修理工場（修理する場所）である。溝を跨（また）ぐように車を止め、人が溝に入り、車を下から修理するのである。雨の降らない、また地盤が硬質なリマならではのことで、気象学・土質工学を巧みに応用したこの発想のよさに感心している。(1990 年 6 月)

5.7　インカ帝国の終焉(しゅうえん)とペルー大統領選挙

インカ帝国について何らかの知識を持っている人は多いが、正確なことを知っている人は少ないのが実情のようである。私自身ペルーに来てから本などを読み、初めて知ったことが多い。インカ帝国は 15 世紀の半ばからわずか数十年の間に南米のアンデス地方の大部分の南北約 5,000 km、面積約 200 万 km^2（日本の 5 倍以上）、人口約 1,500 万人を支配するようになった。しかし、1532 年わずか百数十名のスペイン人戦士によってインカの数千人の兵の目の前で王が捕らえられた。王は命と引き換えに、莫大な黄金を差し出したにもかかわらず、1533 年処刑され、インカ帝国はわずか 100 年ちょっとで終わってしまったのである。

5.7 インカ帝国の終焉(しゅうえん)とペルー大統領選挙

インカ帝国は、現在でも用いられている潅漑用水路や石造建築の素晴らしさもさることながら、黄金を豊富に建築物や装飾品に使用したため、黄金帝国とも呼ばれたりしている。インカが有名なのは、もちろん黄金のこともあろうが、その終わりが悲劇的であるからでもあろう。なぜインカ帝国はフランシスコ・ピサロの率いる、わずか百数十名によってあえなく滅ぼされたのであろう？

その理由の主なものは：

(1) 馬や銃を持ったピサロ達に比べ、インカの武器は棍棒や投石器などで戦闘力が劣っていた。

(2) ピサロ達は、金銀財宝を強奪するために集まった百戦練磨のならず者の集団で、それに比べてインカの人々は彼等と戦うには人がよすぎた。

(3) インカはわずか 200 人にも満たない人間によもや負けるとは思わず油断していた。また、ピサロは「自分たちはキリスト教を広めるための平和使節団」といって相手を油断させた。

(4) ピサロは、王を生け捕りにさえすれば、帝国を思い通りにできると聞かされていたが、会談の最中に突然兵士に発砲させ、自分みずから王を生け捕りにする作戦がまんまと成功した。

(5) インカ帝国の王位継承にいざこざがあり、帝国の力が分散されていた。

(6) また、直接の原因ではないが、インカの神話によって、創造神ビラコチャは白い膚でいつかは自分たちを救うために戻ってくると信じられており、当初インカの人々はピサロ達をその神の再来ではないかと思った。

この最後のことがもっとも悲劇的であろう。自分たちの救世主と考えた人が実際には自分たちを滅ぼしに来た悪党だったのである。

実は、これが現在の南米と北米の差の原因となっていると考えることは不謹慎であろうか。北米はたとえ貧しくとも理想を求めた清教徒の来たところ、南米は金銀財宝を奪うことのみが目的の人間がやって来たところ。現在の南米の人々には失礼には当るとは思いながらも、南米と北米の余りにも大きい格差を見ると歴史的な宿命のようなものを感じ、このように考えてしまった。

話は変わるが、ペルーでは 1990 年 4 月に大統領選挙があり、当初は泡末候補の一人として見られていた日系二世のアルベルト・フジモリ氏が大きく躍進し、過半数が得られなかった 1 位のノーベル賞候補の人気作家マリオ・

バルガス・ジョサ氏と2位フジモリ氏の決戦投票では、フジモリ氏が勝利を収めそうな気配である。

この結果に対し、日本、特にフジモリ氏の出身地の熊本では、初の日系人大統領誕生！と大いに喜んでいると聞いた。一方、現地の日系人は、フジモリ氏にもし政策の失敗などがあると、今まで築き上げてきた日系人のペルー国内での社会的地位が失われることなどを恐れて、素直に喜んでいないようである。このような受け取り方は、消極的で了見が狭い気がする。しかし、誰が政権を担当しようとも簡単には改善されないであろう経済状態やその他の山積する問題を考えると、素直に喜ぶことができないのももっともで、これこそがペルーそして他の南米諸国の最大の問題点であろう。

「願わくば、膚の色は白くはないが、フジモリ氏に、ペルーそして南米の現状を救ってくれる人・創造神ビラコチャの再来になって欲しい」と思っているのは彼に投票した多くの人の願望であろう。

（なお、決戦投票は6月10日に行われ、アルベルト・フジモリ氏が大統領に選出された。）(1990年8月)

5.8　1990年ペルー・リオハ地震の調査と被害

1990年5月29日ペルー北東部サン・マルティン県に発生した地震はマグニチュード約6.2、死者約70名、負傷者約2,000名、被災建物約6,000棟、被災率約60％の被害を及ぼした。途上国でよくあるように、現地での確認が進むと、死傷者や被害はもっと増えるのではないかと懸念されたが、被災された方々には失礼であるが、あまり大きな被害ではなく、ほっとした次第である。

ちなみに、1970年5月31日のペルー地震では、人口約2万人のユンガイ市は、雪崩のように落下してきた部屋ほどの大きさの岩や土砂によって十数mの厚さで覆われ、市全体が一瞬のうちに消滅してしまった（図5.9）ことがある。この災害を忘れないため、ペルーでは5月31日を「地震防災教育の日」としており、日本・ペルー地震防災センター（CISMID）の中央を「5月31日広場」と呼んでいる。

さて、ペルー・リオハ地震の被害を調査するためにCISMIDでは、即座に調査団の派遣を計画した。しかし、地震直後では現地の状況が分からず、最

5.8　1990年ペルー・リオハ地震の調査と被害

図5.9　1970年ペルー地震で埋もれたユンガイ市
（手前の白っぽい土の下に約2万人の遺体が埋もれたままになっている。写真中央に見える山裾の集落が新しいユンガイ市である。）

悪の場合には寝袋で野営を覚悟し、水・食料も持参しなければならないとの情報も入った。さらに、被災地は麻薬のコカインを栽培しているところで、テロの危険性もあり、事実その地域一帯には非常事態宣言が発令されており、不安の中で準備を進めた。

一方、調査団の安全を保証するように国家防災庁に申し入れたが、現地を訪れた国家防災庁の長官自ら電話で、現地での安全は保証できないし、特に外国人が訪れることは危険で、ペルー人であっても本人の意志によって行くべきかどうかを判断させるべきとのこと、結局日本人が同行することは取り止めになった。

数日後、帰ってきた調査団から、現地には立派なホテルもあり、また現地の人々の受け入れも非常に好意的であり、全く問題はないとの報告があった。そして、長官に対する、非好意的態度は、援助物資の配分について現地でいざこざがあったためであろうとの判断であった。

そういえば、日本でも十勝沖地震の際、救援物資のほとんどが北海道十勝地方に送られ、被害がかなりあった東北の人々から文句がついた。このような状況を避けるため、秋田県沖地震ではなく日本海中部地震と命名した例があったことなどを思い出した。

さて、現地を訪れることについて何ら問題はないとのことで、第二次調査団

図 5.10　タピアル造の地震被害（1990 年ペルー・リオハ地震）

には私も無事参加することができた。以下に、被害の特長を簡単に述べたい。

建物の被害のほとんどは、タピアルと呼ばれる「現場打ち泥構造」の建物（図 5.10）で、アドベと呼ばれる「日干し煉瓦（レンガ）」の建物も多く被害を受けたが、タピアルほどではなかった。アドベが耐震的ではないことは技術者の間ではよく認識されおり、それよりもタピアルは耐震的に問題が多いのである。アドベの被害がそれほどでもないことから、被災地の震度は余り大きくはなかったことが推察され、事実、キンチャと呼ばれる「木造枠組土塗り壁構造」、細い柱と梁ではあるが鉄筋コンクリート造の枠組に煉瓦を埋め込んだ「煉瓦造」、「鉄筋コンクリート造」の建物には全くといっていいほど被害がなかった。

なお、死者のほとんどはタピアル造の建物が崩壊し厚い土の壁の下敷きになったことが原因である。

最後に、タピアルの建設方法を紹介する。木製の型枠を約 60cm 位の間隔に立て、その間に周辺の土を入れ、人間が足と棒で土を突き固め、高さが 1m ぐらいの土の壁を造る。次に、型枠を順次移動させながら、建物の周囲と部屋の仕切りの位置に同様に土の壁を造る。次に、その土の壁の頂部に長さ 1m ぐらいの角材を壁と直角方向に約 1m ごとに置き、その上に型枠を乗せて、始めと同じように土を入れ、更に高い壁を造っていくのである。平屋のみならず、2 階建のものも多い。屋根は、木造トラスに瓦葺きまたは波形鉄板葺

が多い。土の壁の中には全く補強材がなく、地震で壊れるのも仕方がない。なぜ、このような工法で建設しているか不思議に思うかもしれないが、被災地には他の地方から移住してきた人の町が多く、地震の少ない地方の構造をそのまま採用しているのである。

タピアル造には耐震的考慮は全くされていないが、型枠を初めは横に、次に上へと順次移動していくスライディング・フォーム工法には感心している。
(1990 年 10 月)

5.9 楽しくスペイン語

スペイン語の母音は日本語とほぼ同じで、また単語は母音で終わるものが多い。このため、日本人にとって発音しやすい言語であり、また日本語の単語がスペイン語で、ある意味を持っている場合がよくある。

例えば、日本語の苗字で、須田・須藤はスペイン語の sudar (スダール：発汗する) という動詞の変化の発音と同じとなり、「汗かき」さんと呼んでいることになる。

スペイン語圏の姓名は、名前が2つ、苗字が父方と母方の2つ、計4つより成っているのが通常である。女性は結婚すると、母方の苗字の代わりに、英語の of に相当する de (デ) と夫の父方の苗字を付ける。子供の苗字は、父の父方の苗字に、母の父方の苗字の2つとなる。日本人同士の結婚で苗字が土井・野田となると、doy, no da となり動詞 dar (ダール：与える) の変化形となり、「私は与えるが君は与えない」、すなわち「私は気前がいいが君はけちだ」ということになり、笑い話の種になる。

スペイン語では男性名詞と女性名詞を区別し、それに付く形容詞もそうである。o や子音で終る名詞や形容詞は男性形で、a で終わるものが女性形となっている場合が普通である。Señor (セニョール) は英語の Mr. に相当し、Señora (セニョーラ) は Mrs. に相当すると同時に呼びかけにも使う。なお、娘さんは Señorita (セニョリータ) である。esposo (エスポーソ) は夫、esposa (エスポーサ) は妻となる。ところが、妻を複数にして esposas (エスポーサス) となると「手錠」の意味となる。レディーファーストの国では、妻を複数持つことは罪になり手錠を掛けられるのか、それとも妻が複数いたら手錠を掛けられているような状態と同じであるからなのか、それとも全く違う理

由があるのか？ぜひとも、この語源を調べたいと思っている。infeliz（インフェリース）は「不幸な」という意味であるが、「お人よしな」という意味もある。「お人よし＝不幸」というこのわけもぜひ知りたいと思っている。

スペイン語圏では時間が守られることが少ない。諺（ことわざ）に No por mucho madrugar amanece mas tempurano.（ノ・ポル・ムーチョ・マドゥルガール・アマネセ・マス・テンプラーノ：早く起きても夜は早くは明けない）というのがあり、自分だけが先に行っても他のメンバーが集まらなければどうしようもないことを実感するたびに、この諺が本当によくスペイン語圏の習慣を表しているな、と感心している。反対に、A quíen madruga dios le ayuda.（ア・キエン・マデゥルーガ・ディオス・レ・アユーダ：早起きする人を神は助ける）という諺もあることをスペイン語圏の名誉のためにも書いておきたいが、どうも前者の諺のほうが納得がいく。

スペイン語の多くの単語は英語と似ているが、名詞の後に形容詞が来ることが多く、語順が異なるために、略語は英語と全く異なることが多い。例えば、（アメリカ）合衆国は Estados Unidos（エスタドス・ウニードス）であり、その略称として EE.UU. と新聞などでは書かれる。国連も UN ではなく ONU となり、略語は英語と違うことを知っておく必要がある。

最後にスペイン語圏を旅行する際にぜひとも覚えるべきことがある。浴室のシャワーや洗面所の蛇口に H と C が書かれている。H は hot で熱く、C は cold で冷たいと思うのが普通であるが、実は反対である。H は helada（エラーダ：凍った）、C は caliente（カリエンテ：熱い）のつもりらしい。らしいと書いたのは、熱いの C はその通りであるが、冷たいの H は本来 frio（フリオ：冷たい）の F とすべきで、実際そのようになっている場合もある。輸入した蛇口には、H と C と記されており、それがちょうど都合がよく helada と caliente の略と解釈したのであろう。以前に書いたので蛇足ではあるが、ビールはセルベッサで、冷たいビールを注文するときには、Cerveza helada, por favor.（セルベッサ・エラーダ・ポル・ファボール）といえばよい。決して凍ったものではなく、冷えたビールが出てくるはずである。なお、por favor（ポル・ファボール）は英語の please に相当し、買い物の時などに、欲しいものをいって、次に por favor を付ければ、立派なスペイン語となる。1992 年にはスペインでオリンピック、そして第 10 回世界地震工学会議もある。この機会にスペイン語を学んでみませんか？（1990 年 12 月）

(著者自身は、残念ながらこのオリンピックにも世界地震工学会議にも行くことができなかった。)

5.10 ペルーの特殊な地盤―崩壊土と膨張土

ペルーの太平洋岸は、雨がほとんど降らない砂漠地帯である。もっとも、太平洋岸に沿って、数十kmごとに、アンデス山脈から流れ出している川があり、それに沿っては緑があり、首都リマのほか、人の住んでいる集落はそれらの川に沿った所にある。

さて、雨がほとんど降らないので、日本とは全く異なる点も多く、その中の崩壊土と膨張土について話しをしてみたい。

崩壊土とは、塩分を多量に含んだ地盤で、乾燥しているペルーでの通常の状態では、岩のように強度もあり、建物を支持する地盤としては全く問題がないように見える。ところが、建物ができ、人間が住むようになると、芝生のために散水をしたり、給排水の漏れなどにより、次第に水が地盤に浸透していく。すると、塩分が水に溶けて流れ出し、地盤には塩分の流出後、空隙ができ(図5.11)、地盤は建物を支えることができなくなり、建物は沈下し始める。このため、建物には亀裂が入ったり、床が傾いたりして、建物が使用

図5.11 水呑場の給水管のそばの崩壊土の地盤に穴があいた例
(ペルー南部マヘス市)

図 5.12　膨張土によって建物が持ち上げられ壁、床に亀裂が生じた例
(ペルー北部タララ市)

できなくなってしまうのである。このため、砂漠地帯での農業・宅地開発計画の変更を行わなければならなくなった実例がある。

　一方、膨張土は水を含むと体積が 50% 以上も増加し、粘土のようになる。これも、乾燥している通常の状態では岩のように強度もあり、建物を支持することについては全く問題がないが、建物ができ、人間が住み、水を使用し出すと、地盤が膨張し、このため建物が傾き、壁に亀裂が入ったり、床が持ち上がったりして (図 5.12)、やはり建物が使用できなくなるのである。

　日本のように雨の多い地域では、塩分を含んでいた地盤が過去にあったとしても、含まれていた塩分はすでに流れ出しているし、膨張するような地盤があったとしても、すでに水を十分含み、膨張した状態にあるため、このようなことは起こらない。

　もっとも、日本の場合は、水を含んでいる粘土質の地盤では、建物を建てるとその重みによって、地盤が沈下し始め、これが重大な問題となる。

　もとは同じ地盤であっても、すでに乾燥しきって岩のように硬く収縮した状態にあるのか、逆に水が十分に含まれ膨張した状態にあるのかによって、人間が建物を建設し、使用する段階では、地盤の体積が増えたり減ったり全く逆の現象が生じる。しかし、いずれにしても、建物が使用できなくなるという、人間には困った問題を引き起こすことには変わりがない。

　日本・ペルー地震防災センター (CISMID) の土質研究室では、以上のよう

な問題も取扱っており、さらに都市防災計画研究室では、このような地盤条件を取り入れた都市計画の立案なども行っている。(1991年2月)

5.11 インカ帝王の身代金とマチュピチュ遺跡

1532年フランシスコ・ピサロの率いるスペイン兵士に捕らえられたインカ帝王アタワルパは、自分を自由にしてくれるのなら幽閉された部屋(奥行き約6.7m、間口約5m、高さ身長の2.5倍)を黄金で満たし、さらに二部屋を銀で満たしてやろうと提案した。ピサロはこの提案を承諾したかのように見せかけ、帝国中から金銀の器・偶像・装飾品などが集められた。これは史上最高の身代金といわれている。スペイン兵士はこれらの文化的・芸術的価値を全く認めず、全てを鋳つぶし、延べ棒にして本国スペインに持ち帰ったのである。これによって当時ヨーロッパの金の相場が暴落したといわれている。

さて、この金の価格はどの位であろう。延べ棒にして部屋を満たしたわけではないので、実際はせいぜいこの数分の1に過ぎないだろうが、部屋の容積134m^3、金の比重19.3、金の価格1g(グラム)あたり15$(ドル)として計算すると、約400億$となる。

一方、ペルーの累積債務は約170億$で、これだけの金があれば、累積債務の赤字はたちまちそれ解消され、それ以上の黒字になるのである。ペルー共和国の壊滅的経済状態、身近には、国立大学の教授の月給が100$ちょっとという状態を見るにつけ、ついこんなことを考えてしまった。真面目な話、いまさら金の返還を要求することは全く不条理なことなのであろうか。何か国際法でもあって、400年以上も前のことは時効でもう取り戻せないのであろうか、何年ぐらいまでなら要求できるのであろうか、などと考えたりしている。

話は戻るが、これほど多額の身代金を支払ったにもかかわらずアタワルパ帝王は処刑されてしまい、このこともインカ帝国にまつわる悲劇の一つである。

インカ帝国の黄金に関する話はまだある。スペイン征服後の傀儡(かいらい)としての初代帝王は、杯いっぱいのトウモロコシの粒の一つをとりだして、インカの黄金に比べるとスペイン人の奪った金の量はこの程度であるといったと伝えられている。

図 5.13 マチュピチュの遺跡の主体部
（後方の山は標高約 2,600 m のワイナ
ピチュでこの山頂にも遺跡がある。）

　このような黄金神話に魅せられて、多くの人々がインカの遺跡を捜し続けている。アメリカ人ハイラム・ビンガムも、黄金を何とか見つけ出そうとしたのか、インカ最後の首都を探しているうちに、1911 年マチュピチュ遺跡を発見した。

　マチュピチュ遺跡は、インカ帝国の首都クスコの北西約 75 km、アマゾン川の上流のウルバンバ川から約 500 m も高い山頂に建設された精巧な石造建築物などからなり、空中都市とも呼ばれたりしている。現在ではふもとの駅から 30～50 度の急勾配の斜面をマイクロバスに乗り、日光のイロハ坂よりも曲がりくねった道を約 20 分も登るとたどり着くが、何のためにこのような 2 万人も収容可能な城塞都市を建設したのか、なぜこんな不便な場所に造ったのか、廃墟になったのはなぜかなど、興味は尽きない。

しかし、発見者には特に残念であっただろうが、マチュピチュ遺跡からは金も銀も全く発掘されず、見つかったのは約170体の人骨であった。そのほとんどは女性のものであり、このことがマチュピチュ遺跡をいっそう神秘的なものにしている。(1991年4月)

5.12　日本・ペルー地震防災センター（CISMID）

ペルー共和国の首都リマにある、日本・ペルー地震防災センター（スペイン語の頭文字を取ってCISMID：シスミッド）のチーフアドバイザーとして1989年3月から国際協力事業団（JICA）より派遣されている。任期終了も間近となったところでCISMIDの概要を述べたい。

CISMIDは、地震防災を中心とした各種の自然災害の防止を図るための研究とその成果の普及を国内のみならず南米各国に行うため、日本の海外技術協力の一環である国際協力事業団のプロジェクトとして1986年に開始された。日本側は専門家の派遣と機材の供与、ペルー側はセンターの敷地の提供、建物の建設、スタッフの確保を主に行っている。

CISMIDは、ペルー国立工科大学の土木工学部に所属し、キャンパスの一角の約1.5haの敷地に、研究本館（研修・研究棟）、土質実験棟、構造実験棟と建設中の講堂がある。本館には、研究室、事務室、図書室、会議室、食堂

図5.14　CISMIDの全景

などのほかコンピュータ・センターもある。土質実験棟には動的三軸試験機、ボーリング機材を含め基本的な実験機材は全て揃っており、中には南米ではただ1台という機材もある。構造実験棟には反力壁・床があり、コンピュータ・オンラインによる3階建の実大建物の構造実験が可能である。その他、小型振動台、各種材料試験機などもある。

ペルー側スタッフは総勢約50名、研究者のほとんどは学部の教授・助教授との兼任である。日本からはチームリーダー(石山祐二)、都市防災計画専門家(熊谷良雄)、土質工学専門家(西村友弘)、地震工学専門家(津川恒久)、構造実験専門家(山中直人)、業務調整員(小林春士)の計6名が滞在している(1991年4月現在)。

主な活動は、都市防災計画、地盤条件の分類(マイクロゾーニング)、建築物の耐震診断・補強補修方法および耐震設計法、ローコスト住宅・土木構造物などの耐震技術の研究開発などと、それらの成果をシンポジウム、セミナーなどを通じて普及することなどである。

ペルーでは1970年5月31日に大地震(M=7.7, 死者約7万)が発生し、南米第2の高峰ワスカラン(標高6,768m)の斜面が崩壊し、岩石・氷河が時速約300kmという飛行機なみのスピードで斜面を滑り落ちてきた。これによって当時の人口約2万人のユンガイ市は厚さ約10数mの土石で埋め尽くされ、一瞬のうちに全市が消滅してしまった。現在、その場所は遺体も埋もれたままに残っており(図5.9)、新しいユンガイ市は近くのもう少し高い安全な場所に移っている。なお、5月31日は文部省令で「地震防災教育の日」と指定されている。この1970年の地震の直後に日本から調査団がペルーを訪れ、地形や地盤の影響によって地震被害が全く異なることを指摘し、地震危険度の区分を行った。現在、CISMIDで行っているマイクロゾネーションはこの調査団の教訓を実行していると考えられる。

CISMIDのプロジェクトは1986年に開始されたが、きっかけは1970年の地震にあり、さらには1961年より開始され、現在も建設省建築研究所国際地震工学部[*]で行なわれている地震工学研修に参加した70名以上の研究者・技術者の力によるところが大きい。ちなみに初代所長のフーリオ・クロイワ教授は地震工学研修の第1回(1961～62年)研修生である。

---

[*] 現在の(独)建築研究所 国際地震工学センター

図 5.15　CISMID のロゴマーク

最後に CISMID のロゴマークを図 5.15 に示す。このマークは公募で、CISMID の都市防災研究室長のホセ・サトー氏の案が圧倒的多数で選ばれた。CISMID の頭文字の M を地震の波形と組み合わせ、右下の青い部分の白い曲線は津波、左の赤い部分は火山を表しており、素晴らしいデザインである。CISMID に係わった人間としてはこのマークに誇りと愛着を持つと同時に、このマークに負けないような活動を継続してほしいと願っている。（1991 年 8 月）

5.13　ペルーより帰国して感じたこと・・・日本での生活は便利で効率がよいが・・・

ペルーの首都リマに 2 年 3 か月余り滞在して、1991 年 6 月末に帰国したが、その直後に日本で感じたことの一端をお知らせしたい。

第 1 に、日本の緑の美しさである。梅雨の時期ということもあって、空からでも成田空港周辺の緑が目にしみた。リマは砂漠の中に建設した都市であり、灌漑によって緑はかなりあるが、樹木の葉は砂埃にまみれており、雨によって洗い流したいと思わざるを得ないような緑を見てきたせいか、緑の美しさが特に感じられた。そして、この美しい緑を永遠に残すべき努力をしなければ、という気持ちが自然に湧いてきた。

第 2 に感じたことは、効率の良さである。空港での手続きは特に目立つほど速くはなかったが、住民表の手続きなどは迅速であった。途上国に対しては、高度な技術研修もさることながら、役所の窓口などで働く人たちに研修

を行うことが一層役に立つに違いない。レストランでも、従業員の働きぶりはまことに機敏で、日本人の食事の時間が短いせいもあるが、客の回転が非常に速い。ペルーではレストランでの夕食には2時間以上かかるのが普通で、一つのテーブルにつきディナーの客の回転はせいぜい2組であるから、同じ面積のレストランであっても、日本とペルーでは客の延べ人数が数倍も違うことになる。

第3は、商品の豊富なことである。例えば、歯ブラシ一つにしても、硬い、軟らかい、普通、さらに動物の毛のものなど、それぞれについて数種類のメーカーのものがあり、もちろん柄の色はいうにおよばず形状も各種あり、そのうえ全く同じものを数個取り揃えてある。これらの全ての違いを確かめることはできないし、またその必要もないので、これほど多くの商品を揃える必要があるかどうかは疑問である。しかし、多いということは確かに便利であり、また多くの中から選んだという満足感を味わうことができ、その結果、消費者の購買欲をそそることにもなり、メーカーや商店の目的が充分に果たされている。

第4は、安全なことである。ペルーでは、車に乗るにしても、ドアは必ずロックする（しないと停車した時にドアが開けられて物を盗まれる危険がある）、窓ガラスは走っている間は別として必ず閉める（止まった時に腕時計などがひったくられる例がある）、ハンドバッグなどは必ず座席の下に置く（少しでも盗難の危険を少なくするため）、駐車する時に荷物などは外から見える座席の上に置かない（窓ガラスを壊して盗難ということもある）など、日本では考えなくてもよいことに常に気を付けなけらばならない。その他、泥棒やテロの危険性、さらには、チフス、コレラ、マラリヤなど、病気の心配などもある。確率は交通事故よりずっと小さいとはいえ、このようなことを心配しながら生活することは非常なストレスとなる。このような心配は、途上国はもちろんのこと先進国でも多くあり、この点において日本は極めて稀な国であることを忘れてはならない。つい、日本人はこのことを忘れて、海外旅行中に盗難などにあうことが多い。

以上のような話をブラジルに数十年住んでいる日本人の婦人と話したことがある。その中で、インフレのことも話題となり、年間数十倍にもなるインフレは（フジモリ政権以降はだいぶ収まったが）ペルーばかりでなくブラジ

ルや他の南米諸国にもあり、安全性についても南米の全ての国で多かれ少なかれ同じような問題を持っていることを話した。しかし、驚いたことに、その婦人は以上のような問題があるにしても、ブラジルに住む方が日本で生活するよりもずっとよいと最後にいったのである。理由は、日本での生活には人間らしさがない、というような内容であった。例の一つとして、婦人は親戚の日系の少年が日本に行った時、街を歩いている人々を見て「あの人達は走っているの？それとも歩いているの？」と質問したことを話してくれたが、この話がなぜか忘れられない。日本での生活は確かに便利で効率がよいが、人間として何か忘れていることがあるのであろうか？

（以上を書き終えた直後に、ペルーで農業技術の指導を行っていた日本人専門家3人が殺害されるというテロ事件が起こった。私自身、亡くなった方を知っており、このような恐ろしい事件が起こった今では、亡くなった方のご冥福を祈るとともに、何よりも安全性を最重要視しなければならないと考えている。）（1991年10月）

5.14　5年半振りのペルーと人質事件

1996年11月末、5年半ぶりにペルーをほんの1週間であったが訪問した。その時の印象についてお知らせしたいと思っていたが、その直後に起きた日本大使館人質事件についても触れない訳（わけ）にはいかない。

国際協力事業団の専門家として、私は1989年3月から1991年6月まで、ペルー国立工科大学の地震防災センターのチーフアドバイザーとして首都リマに家族4人で滞在した。

その間の2年3か月の出来事などで思い出すのは、もちろんナスカの地上絵やマチュピチュ遺跡などもあるが、その当時しか経験できなかったこととして、フジモリ政権の誕生、年間インフレ3,000%（簡単にいえば30倍）、日常的な停電と断水などがある。

そして、その間のことではないが、何よりも忘れることができないのは、帰国直後に起きたテロ事件である。1991年7月国際協力事業団から農業専門家として派遣されていた3名（私の送別会に参加してくれた人もいた）が銃で殺害されたのである。このため、日本人専門家は全員帰国し、その後約5年間は日本人専門家が派遣されなかった。

しかし、フジモリ政権の対策が功を奏し、テロ事件はほとんどなくなり、1996年には橋本首相がペルーを訪問し、専門家の派遣が再開されつつあった。私も国際協力事業団の短期専門家として、地震防災センターで毎年行われている国際セミナーへ講師として参加したわけである。

地震防災センターの活動は思っていたよりずっと活発で、構内では講堂の建設工事が再開され、大学ではオペラハウスやサッカースタジアムが完成しており、経済的に好転している様子がうかがえた。

首都リマの5年ぶりの印象は、街並みがきれいになった（新しい車が増え、ゴミなどがあまり落ちていない）こと、停電・断水が滞在中一度もなかった（最近はほとんどない）ことなど、よい点ばかりが目に付いた。また、フジモリ政権が通貨単位を百万分の一すなわちゼロを6個削るデノミを行った以降は、通貨も安定しており、このままよい方向へ進んで行くことを願い、また信じていた。

もっとも、テロ活動やインフレが収まったとはいえ、物価は上昇し（ホテルもレストランも5年前の2〜数倍で日本並み）、貧困層の生活は大変で、小さな犯罪は増加しているので、「日常の注意を怠ってはいけない」とアドバイスを受けた。

多くの友人にも会い、楽しい1週間を過ごし、美味しい食事で体重も増え、帰国したが、その余韻を楽しむ暇もなく、リマの日本大使公邸がテロに襲われ、約400名が人質となる事件の発生である。私自身、公邸に招かれ、また近くに住んでいたこともあり、さらに人質には10名以上の友人・知人がおり、とても他人事とは思えない。1996年末でまだ83名が人質となっており、残り全員の早期解放を願いつつ次のようなことを思っている。

ペルーは鉱山・漁業資源ばかりでなく観光資源にも恵まれ、これらを有効に活用できれば必ず繁栄するはずで、これができない最大の要因の一つがテロ活動であった。最近はテロ活動の沈静化により、ようやく観光客も増加し、光明が見えつつあった時に、このようなテロ事件が発生し、誠に残念であるというより憤りを感じる。

何よりも人質の安全が最優先されるのは当然であろうが、テロに対する毅然（きぜん）とした対応も同様に重要であろう。安易にテロの要求を受け入れるならば、フジモリ政権として「ペルーのために」と信じて行ってきたことを全て無に帰すばかりか、ペルー国民の生活や国の経済・国際的立場を少な

くとも十年いや数十年は後戻りさせることになるであろう。

最後に、今までのフジモリ大統領の対応に同感しながら、ペルーを最初に訪れたときに聞かされた「いつどこで何が起きても不思議ではない国」との言葉を夢のように思い出している。（1997年2月）

5.15 ペルー人質の解放と地下トンネル

1996年12月17日に起きたペルーの日本大使公邸での人質事件は、フジモリ大統領の決断による軍特殊部隊の強行突入によって、127日目の4月22日にようやく解決した。人質72名中1名、突入部隊の隊員140名中2名の犠牲とテログループ14名全員の死亡を伴ったが、この作戦は大成功であった。この最大の原因はフジモリ大統領の適切な決断であろうが、そのバックグラウンドとして次の2点が考えられる。

(1) テログループは強行突入に対して油断していた。

日本政府が強く平和的解決を希望していたため、ペルー政府は強行突入をしないであろうとテログループは考えていたようである。また、突入してくるにしても白昼とは予想せず、警戒を怠っていた。

(2) 大使公邸の内部の状況が詳しく判っていた。

人質の健康をチェックする医師に紛れた軍関係者が情報を収集したり、隠しマイクを設置したり、人質が外部と無線で直接連絡できるようにしていたようである。それにもまして、地下トンネルの建設が有効であったのは間違いない。カメラやマイクを設置し、内部の情報を十分把握し、床下に爆薬を仕掛け、1階でサッカーに興じていたグループを最初の爆発で死傷させている。

ここで、このトンネルについて感じたことを紹介したい。ペルーの重要な産業の一つが鉱山であり、トンネルを掘削する技術や人については全く問題がなかったであろう。3月初旬にテログループが床下の騒音からトンネルを掘っていると気が付き、平和的解決に向けての交渉を拒んだ経緯があった。この時は、何とつまらないドジなことをしたのだろうと思い、またトンネルといっても人が這（は）って動ける程度のものしか私自身は考えなかった。しかし、トンネルには換気装置もあり、幅も高さも想像していたのよりもずっ

と大きいのに驚いた。

さて、話は変わるが5.6節で図5.7を示し、これは何ですかというクイズを紹介した。答えは図5.8のように自動車修理工場で、「雨の降らない、また地盤が硬質なリマならではのことで、気象学・土質工学を巧みに応用したこの発想のよさに感心している。」と書いた。

実は、今回のトンネルについてもこれが当てはまる。雨のほとんど降らないリマでは、換気について考える必要性はあっても、排水の心配は全くない。また、落盤の危険性を心配することなくトンネルを掘削できる格好の地盤条件であったことも幸いしたに違いない。このように、報道されていることのほかに、種々の条件が整い、作戦がほぼ完全といわれるほどの成功を収めたのであろう。

最後に、徐々に非難を浴びつつあるテログループ全員の死亡については、折角の大成功の中の汚点となり誠に残念である。しかし、テロを撲滅することこそが国家にとっても国民にとっても最重要課題である南米のペルーでは、テログループに対する最も効果的な警告ではないかと不謹慎にも考えたりしている。(1997年6月)

第 6 章

北海道について

6.1 北海道の住宅のデザインの変化

窓から一面の雪景色を見ながら久しぶりに北海道の冬を味わっている。北海道の住宅は、20年ほど前までは、矩形平面・三角屋根（図 6.1）という単純なものが目についた気がする。当時、建築を学んでいた学生としては、余りにも変化に乏しく、つまらないような気がしていたのも事実である。

その後、東京近郊に住むようになったが、年に 1～2 度は北海道を訪れた。間もなく、この単純な矩形平面・三角屋根の住宅に徐々に愛着を持ち、同時

図 6.1 矩形平面・三角屋根の住宅

図 6.2 1 階車庫の陸屋根住宅

に機能美のようなものさえ感じるようになった。凹凸の少なさは断熱性を高めるのに都合がよく、勾配の大きい屋根は雪を自然落下させるということをデザインに素直に反映させていることが大切と感じたからである。このように感じると同時に、私自身が建築家ではなく構造屋の方へと進んだこととも関係しているかも知れないが、建築物は基本的な条件を満足するならば、色で喩 (たと) えると白いものがよいと考えるようになった。すなわち、建築家が使い勝手を独断的に決めてしまう固定した色のものは使用者が色を変えることが難しいが、白であればそれを使う人の好みに応じてどの色にも変えることが容易であろう、と考えるようになったのである。

ところが、最近では、この矩形平面・三角屋根に代わって、陸屋根 (ろくやね、平らな屋根のこと) の住宅 (図 6.2) が増えている。その多くは最下階が鉄筋コンクリート造の車庫で、その上に 2 階建の木造が乗って 3 階建となっている。陸屋根は、積もった雪を屋根から落下させるのではなく、積もった雪をそのままにしておき、徐々に解かしてしまおうという発想による。雪が解けた水を集めるため、外からは陸屋根に見えても、屋根の中央には谷樋 (たにどい) がある場合が多く、このため M 型屋根と呼んだりもしている。

敷地が狭くなり、屋根の雪を落とすと、その落とした雪を処理するのに困るためにこのようになったのか、あるいは積雪を全て支えることのできる構造が可能となり、さらに雪が解けても雨漏りとはならないような構法ができ

たためなのか、鶏と卵のようにいずれが先か分からない。でも、1階が車庫という場合も多いことを考えると、北海道でも敷地が狭くなってきた、すなわち地価の上昇が住宅のデザインに最大の影響を及ぼしているに違いないと考えている。(1992年2月)

6.2　断熱第一の北海道の住宅

　北海道では、最高の気候とも思える夏は短く、すぐに秋、そして寒くて長い冬を迎える。このため、北海道の住宅は、冬季をいかに快適に過ごすことができるかが第一に考慮され、設計・施工されるのである。私の住んでいるアパートも、寒い冬に対しての設備が充実していて、この点について話してみたい。

　寒さを防ぐ第一のポイントは熱を逃がさないことにある。このため断熱材の厚さは鉄筋コンクリート造のアパートでも5cm程度は普通で、木造住宅では10cm以上の場合も多い。隙間風を防ぐことも重要で、ドアや窓の気密性は非常に高い。このため、自然換気のみでは換気が十分ではなく、強制的にファンで換気を行うようになっている。この際、暖まった室内の空気を単に外に放出して、冷たい外気を取り入れるのではなく、放出する暖かい空気の熱を利用して冷たい外気を暖めてから取り入れる熱交換器が取り付けられている。断熱と換気が不十分なため、私が以前住んでいた筑波の公務員宿舎でよく悩まされた結露やカビの心配はほとんどない。

　ドアや窓の断熱性を高めるため、外部に面している部分はペアガラスの入ったアルミサッシ、さらに内側にガラスが1枚入っているプラスチックのサッシがある。2枚のガラスが約1cm離され、周りから湿った空気が入らないように密閉されているペアガラスは断熱性が高いし、たとえプラスチックのサッシとの間で結露しても、水滴はサッシの下枠から外に出ていく。内側のプラスチックのサッシは結露し難く、また触ってみても冷たさを感じることがなく、気温が下がっても金属のように指がくっついてしまうという恐れもない。

　外部に面した開口部の内側下部にある放熱器によって暖められた空気は開口部に沿って上昇する。このため、開口部で冷やされた冷たい空気が下降して床を伝わってくることがないので、窓際で感じる肌寒さや底冷えを感じる

図 6.3 アパート外部に面したサッシ
(外側から、網戸・ペアーガラスが入ったアルミサッシ・プラスチックのサッシ、更に内側にあるのは温水暖房の放熱器)

ことがなく、室内はいたって快適である。

ただし、不都合なこともある。サッシのレールが一番外側の網戸をいれて計 5 本あるので、サッシの幅が 30 cm (外壁の厚さも断熱材と仕上げを加えるとこのくらいになり)、さらに放熱器の幅が 10 cm、計 40 cm 以上もある。ベランダに出て行くときにそれを大きく跨 (また) がなければならず、慣れないうちはつまずくことも多かった (図 6.3)。また、数年後には蜂の巣のようになっている放熱器の隙間に埃がたまり、それを掃除するのは大変厄介であるとの話も聞いた。しかし、掃除するのは私自身ではないだろうと、この点はあまり気にしていない。

温水暖房の燃料は灯油で、アパート各戸ごとのボイラーにパイプで供給され、料金は水道料などと一緒に銀行から自動的に支払われる。独立住宅では、各戸の庭先に灯油のタンクがあり、年に 2〜3 度は灯油を補給しなければならないが、その心配もなく、まるで水道を使用しているのと同様の便利さである。

最後に、燃料費について紹介したい。家族ともども関東地方に 20 年以上も住んできて冬の寒い室内に慣れたせいか、室内の温度を北海道の人たちほどは上げないため (北海道では冬でも風呂上がり薄着で冷たいビールを飲むく

らいの室温が普通である)、また私の所よりは高い室温であろう上下左右の住戸から暖められるためか、思ったほどは燃料費が高くはないのでこの点も満足している。(1992 年 12 月)

6.3 ホワイトイルミネーション

北国の冬は長く、そして冬の夜も長い。4.2 で紹介したが、緯度 θ では春分・秋分に比べ、夏至・冬至において日の出・日没が早くなったり・遅くなったりする時間差を d とすると、次の式が得られる。

$$\sin 15d = \tan\theta \tan 23.44 \tag{6.1}$$

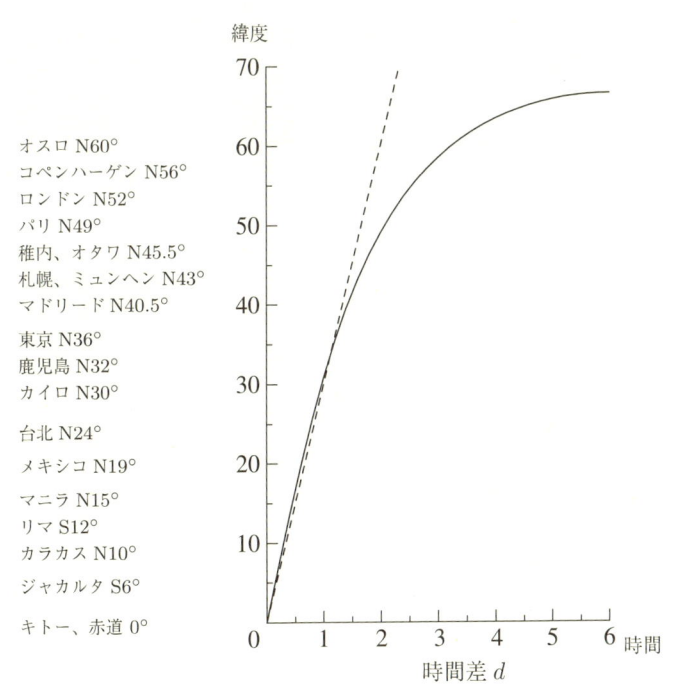

オスロ N60°
コペンハーゲン N56°
ロンドン N52°
パリ N49°
稚内、オタワ N45.5°
札幌、ミュンヘン N43°
マドリード N40.5°

東京 N36°
鹿児島 N32°
カイロ N30°

台北 N24°

メキシコ N19°

マニラ N15°
リマ S12°
カラカス N10°

ジャカルタ S6°

キトー、赤道 0°

図 6.4 夏至 (冬至) と春分 (秋分) の日の出 (日没) の時間差と緯度

図 6.5　さっぽろホワイトイルミネーション

　この式の関係は図 6.4 の曲線のようになる。上式には三角関数が用いられているので、暗算で緯度と時間差の関係を計算することは難しい。しかし、緯度を 2 倍して、それを分と読み替えると、おおむね時間差が求まることを覚えておくと便利である。この略算の値が図 6.4 の破線に示されており、緯度が 40° ぐらいまでは誤差が小さく、それ以上の緯度では、誤差が徐々に大きくなる。例えば、北緯 43° の札幌では、この時間差は約 43 × 2＝86 分＝1 時間 26 分（なお (6.1) 式による値は 1 時間 36 分）となる。また、日本の標準時は東経 135° で計るので、東経 141° の札幌では常に約 24 分日の出・日没が早くなっている。よって、札幌の冬至前後の日没は午後 4 時頃となるのである。

　さて、北国の人々は長い冬とその間の長い夜を楽しく過ごすためにいろいろなことを工夫したり、考え出したりしている。その中の一つ、最近では国際的にも有名になり海外からの観光客も多くなった「さっぽろ雪まつり」は毎年 2 月の初めに開催される。雪まつりは、北国の冬をより楽しく、そして商売が芳（かんば）しくない 2 月と 8 月を指して俗に「2・8（ニッパチ）」と呼ばれる時期の景気対策も兼ねて (?) 第 2 次世界大戦後まもなく開始された。（ちなみに、1993 年はその第 44 回であり、1992 年大晦日の NHK 紅白歌合戦は第 43 回であった。）

　最近では、「さっぽろホワイトイルミネーション」（図 6.5）が 1981 年から

開催されている。11月末から雪まつりの2月初めまで、駅前通りとそれに直交する大通公園(ここは1月初めまで)に、1992年は約36万個の電球が点灯された。灯りが付くのは午後4時からで、このときすでに暗くなっているのは前述のとおりである。白い雪の中でのイルミネーションはとても幻想的で印象深い。中には、赤や青のカラフルなもの、幾何学模様、木や花を表現したものなど、いろいろある。しかし私は、雪がちらつく中、街路樹の枝に沿って小さな白熱灯を付けた、その名のとおり「ホワイトイルミネーション」が好きだ。そして、特に雪のない地域のカラフルなイルミネーションは、バブル経済破綻の不景気を乗り切るため消費者に購買欲をそそる戦略としか感じられないのは私だけであろうか、と考えている。(1993年2月)

6.4 北半球ど真中・北緯45度

北緯45度は日本最北端・宗谷岬から60 kmほど南に位置する。赤道は0度で北極点は北緯90度であるから、北緯45度は北半球の真中ということで、この線上にはいくつかの標識や記念碑が設置されている。

例えば、幌延(ほろのべ)町には北(North)の頭文字Nを45度傾けた図6.6の記念碑がある。ステンレスの輝きは太陽の光を反射すると一層美しく、さらに背景の利尻富士とのコントラストは一見の価値がある。記念碑は道路に

図6.6　Nを45度傾けた北緯45度記念碑(幌延町)

図 6.7　花崗岩の北緯 45 度記念碑（幌延町）

並行して設置されているので、北緯 45 度の線が台の中央に直角ではなくやや傾斜して引かれている。幌延町には図 6.7 のような記念碑もあり、45 度の傾斜をなし向かいあっている大小二つの花崗岩の間に北緯 45 度の線が地面に描かれている。この他にも、枝幸（えさし）町には北緯 45 度国際広場、中頓別（なかとんべつ）町には北緯 45 度通過地点の標識が設置されている。

ここで場所は大きく変わるが、南米のエクワドル（エクワドルとはスペイン語で「赤道」そのものを意味する）の首都キトーの郊外には赤道記念碑、スペイン語で La Mitad del Mundo（ラ・ミタ・デル・ムンド：地球の真中）がある。図 6.8 のように記念碑の上部の地球儀は地軸が水平となっているので、北極が上で地軸が垂直線から少し（23.44 度）傾いている普通の地球儀を見慣れている私にとって、見た瞬間は少々異様に感じた。しかし、赤道上ではこのような位置に地球があり、自分がその赤道上に直角に立っていることを悟った時、地軸が水平であることを本当に納得した次第であった。（なお図 6.8 の下に写っている著者の右足は北半球、左足は南半球に位置しており、このような写真を写すのが多くの観光客の心理である。）

さて、このようなことを思い出しながら、北緯 45 度の記念碑について考えてみた。図 6.6 の記念碑は真北を指すように設置しているほうがよいし、図 6.7 の記念碑は 45 度の向きがあまり意味をなしていないように思える。私ならば、図 6.9 のように北極星を指すように地軸を 45 度傾けた地球儀を北海道

6.4 北半球ど真中・北緯45度

図 6.8 赤道記念碑（エクワドルの首都キトー郊外）

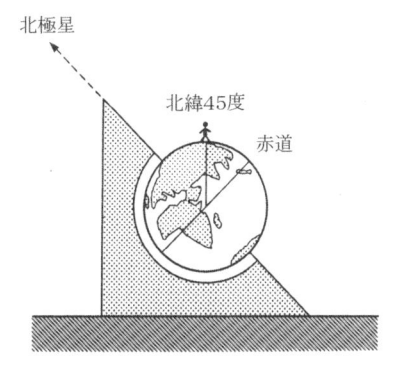

図 6.9 こんな北緯 45 度の記念碑はどうですか？

の位置が真上になるように設置し、水平であるその点に自分のいる位置であることが判るような人形を垂直に取りつけたものがよいのではないかと思っているが、皆さんの考えはどうですか？(1993年8月)

6.5 札幌の観光名所「大倉シャンツェ」

冬期間のみならず年中、観光名所となっている札幌の大倉山スキー・ジャンプ競技場は1932(昭和7)年に完成し「大倉シャンツェ」(シャンツェとはドイツ語でスキーのジャンプ台の意味)と命名された。大倉シャンツェは、戦後に改修され、さらに1972年の札幌冬季オリンピックを開催するに当り、1970年に大改修が行われ、その後1982年にリフトが完成し現在に至っている。

大倉シャンツェの断面が図6.10である。最上部のスタートハウスからジャンプ台の先 (カンテ) までをアプローチ、その下の傾斜部をランディングバーン、下の水平な部分をブレーキングトラックという。一番下のブレーキングトラックから測ると高さ137mにスタート地点がある。そこからアプローチに沿って長さ112m・高さで56mを滑り降り、秒速約25m (時速90km) のスピードで飛び出したジャンパーは90m先のP点、時にはさらに25m先のK点を越えるのである。

下のブレーキングトラック付近から見上げるとスタート地点までかなり高いと感じるが、どのくらい高いか実感がわからない。そこで、札幌のテレビ塔の最上部や、東京都港区虎ノ門の霞が関ビルの最上階から滑り降りてくるのと同じくらいと想像するのもよい。高所恐怖症の人にとっては恐ろしさ以外のなにものでもないが、高さ・スピード・滑空距離や時間など、飛んでいるジャンパー自身にとっては、さぞかし気分がよいに違いない。

ジャンプの飛型は時代とともに変化している。私が子供の頃は、飛んでいる間は両腕をぐるぐると回していた。その後、空気抵抗を小さくするため、腕を身体の脇にピッタリと付けるようになった。最近では、空気による浮力を利用するためスキーの先を開く逆V型が流行で、このため距離がさらに延びた。バッケンレコード (最長不倒距離) は次第に更新され、1971年1月笠谷幸生選手の112.5mは1993年1月須田健二選手の124.5mに塗りかえられている。

さて、このように100m以上も飛ぶことができるのは当り前のことなので

6.5 札幌の観光名所「大倉シャンツェ」

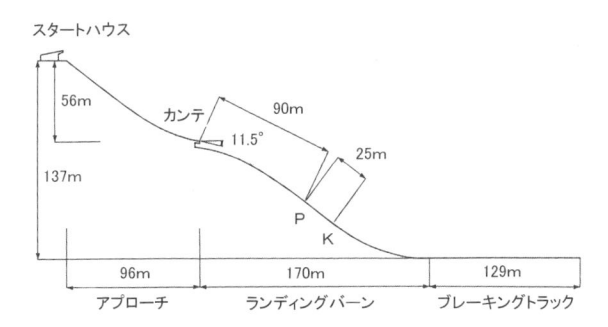

図 6.10 大倉シャンツェの断面

図 6.11 下から見上げた大倉シャンツェ

あろうか。高校時代に習った物理を思い出しながら考えてみた。

スタート地点の位置エネルギーの全てが運動エネルギーに変わると仮定すると、カンテを秒速約 33 m（時速 120 km）で飛び出すことになる。以後は自由落下をすると考えると、P 点のちょっと手前に到達する。実際には空気や摩擦の抵抗によりカンテでの秒速は約 25 m（時速 90 km）で、その後は自由落下と仮定すると、計算では P 点のはるか手前までしか到達しないのである。

それではどのようにして 100 m 以上も飛ぶのであろうか？ カンテから飛び出す時にジャンパーが跳躍し、鉛直方向に速度変化が生じ、その後は自由

図 6.12 上から見た大倉シャンツェ

落下で P 点に到達すると仮定すると、この速度変化は秒速 8 m になる。しかし、走り高跳びの高さから推定して、この速度変化はせいぜい秒速 5 m である。これではもちろん P 点に到達しない。残る要因は飛んでいる間に空気より受ける浮力である。跳躍による鉛直方向の秒速の変化を 5 m として、P 点に到達する場合の鉛直方向の加速度を計算すると約 $8.3\,\mathrm{m/s^2}$ となる。すなわち、重力加速度 $9.8\,\mathrm{m/s^2}$ が約 85% となる程度の効果をジャンパーは空気による浮力として受けることになるのである。

ジャンパーの跳躍方向とそのタイミングも重要な要因であるが「空気による浮力をいかに利用するか」が最大のポイントで、ジャンプのスタイルが変化してきた原因もここにある。現在では逆 V 型が最も有利と考えられているが、将来はさらに浮力を活用する新しいスタイルが生まれるのではないかと楽しみにしている。(1993 年 12 月)

これを書いた後に、バッケンレコード (最長不倒距離) は 1994 年 1 月葛西紀明選手の 135 m に塗りかえられた。また、このシャンツェは、夏期にも練習できるように全面的に改修され全く新しいものになっている (図 6.11, 6.12 参照)。

6.6 火山と彫刻に囲まれた洞爺湖

　支笏洞爺（しこつとうや）国立公園の洞爺湖の南には、活火山である有珠（うす）山がある。最近では 1977（昭和 52）年に噴火を起こし、洞爺湖温泉付近に大きな被害を及ぼし、100km ほど離れた札幌にも火山灰が降ったほどであった。同年に北海道大学理学部付属有珠火山観測所が有珠山の麓（ふもと）に設立され、A. 有珠山のほか、B. 樽前（たるまえ）山、C. 駒ケ岳、D. 十勝（とかち）岳、E. 雌阿寒（めあかん）岳（図 6.13 参照）の火山活動が電話回線を通して送られ、24 時間体制の観測と噴火の予知を行っている。幸い、現在では有珠山の火山活動もほとんどおさまり、当分は噴火の心配がないようである。

　しかし、有珠山は数十年に一度は噴火を起こしている。洞爺湖の南にある有名な昭和新山は 1943（昭和 18）年の火山活動によって生成したものである。1910（明治 43）年の噴火は明治新山（四十三山）を造り、洞爺温泉の湧出を引き起こした。さらに遡（さかのぼ）ると、1853（嘉永 6）年、1822（文政 5）年、1769（明和 5）年、1663（寛文 3）年にも噴火が起こっている。この間の平均では、ほぼ 50 年に一度の割合で噴火が生じている。

　噴火というと、すぐにマイナスの点が気になる。しかし、洞爺湖そのものが火山活動によってできたカルデラ湖であることを考えると、自然の力に対抗するのではなく、人間は自然の恩恵に感謝し、時にはそれを有効に活用し

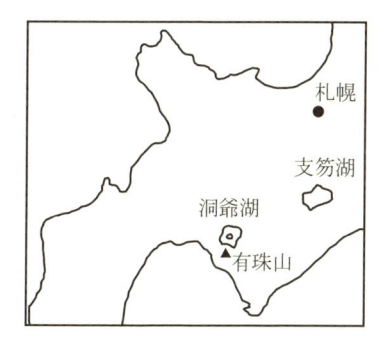

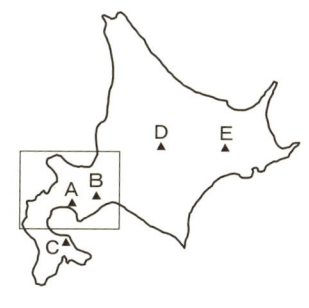

図 6.13　洞爺湖周辺（左）と北海道の主な活火山（右）
（A. 有珠山、B. 樽前山、C. 駒ケ岳、D. 十勝岳、E. 雌阿寒岳）

図 6.14 「とうや湖ぐるっと彫刻公園」の彫刻の1基「月の光」

ながら、自然と共存していかなくてはならないという当然の結論が得られる。

洞爺湖が国立公園の一部として指定されたのは、湖とその周辺の緑の美しさが大きな理由であろうが、最近では「とうや湖ぐるっと彫刻公園」も注目されている。これは、周囲約 52 km の湖の周辺に 50 程度の大きな彫刻（図 6.14 はその一例）を配し、湖を訪れる人々に楽しんでもらおうというものである。1988 年から湖畔の虻田（あぶた）町・壮瞥（そうべつ）町・洞爺村が進めているこの事業は、すでに半分の以上の彫刻が完成している。美しい湖の青さと緑の美しさを背景にした彫刻はどれも印象的である。しかし残念なことに、彫刻を観賞するのではなく、彫刻に悪戯をする者もいるとの報道があった。これを聞いて憤（いきどお）りを感じるとともに、理由もはっきりしないが自分自身が自然に赤面しているのを感じた。その行為を行った動物（人間）と同じ動物であることが恥ずかしかったからであろうと思っている。（1994年10月）

（その後の有珠山の噴火については 6.16 に書いてある。）

6.7　祝誕生「コンサドーレ札幌」「北広島市」「石狩市」

サッカーのJリーグ入りを目指すジャパン・フットボール・リーグ（JFL）の1チームとして、北海道では初めてのプロスポーツチームとなった「コン

6.7　祝誕生「コンサドーレ札幌」「北広島市」「石狩市」

サドーレ札幌」が1996年発足した。第1戦は1996年4月21日に郡山市で行われ福島FCと対戦し4対1で初陣（ういじん）を快勝し、北海道の新聞では第一面で大きく報道され、当然ながらスポーツ面では最も大きく取り扱われた。

　北海道民やサッカーファンには説明するまでもないであろうが、コンサドーレという愛称は、公募によって決められたものである。以前からサッカーファンの女性が夫のUターン転職にともない札幌に住むことになった。間もなく、この愛称募集について知り、地域の特色を生かした名称を、と北海道の歴史や動植物などを図書館に通い調べたが、しっくりとするものがなかなか見つからなかった。しかし、締切の前日になって、もともとは走るのは遅いが力強い北海道産の馬を意味し、次第に北海道で生まれ育った人を指すようになった「道産子」（どさんこ）を逆に読み、それにフラメンコや闘牛の掛け声でもある喝采・激励の間投詞「オーレ」を付けた造語「コンサドーレ」を応募したところ、約3千通の応募の中でただ1つであったものが採択されたのである。その後、アルファベットでは「Consadole」と表記することも決まっている。

　この名称については、私だけではなく、多くの方々が素晴らしいと感じているに違いない。この点については、サッカー狂が多く、語感も似ていそうなスペイン語圏の人々や、その他の国の人々にも、ぜひ意見を聞きたいと思っている。*

　さて、このようなことを取り上げたのは、私が道産子であるからのみではなく、次のようにも感じているからである。・・・「コンサドーレ」・・・このような素敵な名前を考えついた応募者は本当に素晴らしい。同時に、ただ1つしか応募がなかったものを採択した関係者もまた素晴らしい、と考えるのは私だけではないであろう。

　日本ではこのような場合、応募件数の多いものを数個選び、その中から1つを無難に選ぶというのが通常である。ただ1つ応募されたものを選ぶことができたのは、それが非常によかったことはもちろんであるが、スポンサー名を直接は名前に出さず・本拠地を変えることなく地元に密着した組織（こ

---

　* その後、南米のスペイン語圏の数人に聞いたところ、イタリア語の感じがするといっており、好評であった。

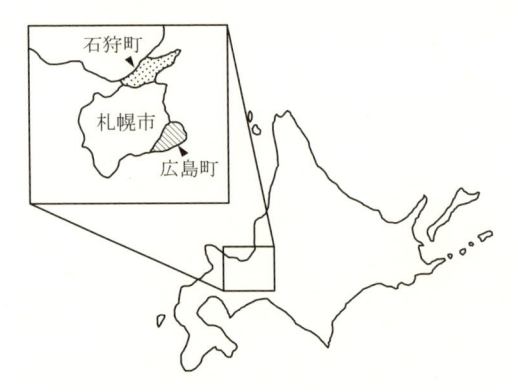

図 6.15　1996 年 9 月に市制移行の広島町と石狩町

のことを忘れてひんしゅくを買ってしまったチームもあったが)を創ろうとしているサッカー協会、試合が開始されると作戦タイムもなく選手一人一人の判断に任すことになるサッカーならではのこと、と勝手に私自身で納得している。

　最後に、名称の語感や決定方法の比較をするつもりはないが、私の住んでいる札幌郡広島町は札幌市の南に接し、人口が5万を越えたので、市となることが決まっている。地方自治法では、禁止してはいないが同一市名は避けるように国が指導しているらしい。このため、単に町名を市名にする訳にもいかず、町は昨年秋に(住民一人一人にではなく)一世帯に一枚ずつ葉書を配り新市名を公募した。結果は、国鉄時代からの駅名として長年用いられており、広島県からの入植で開拓されたことを忘れるべきではない、と多くの住民が考えているせいであろう、圧倒的に「北広島市」が多く、町議会でもこのように決まった。また、同時に市となる札幌市の北に接する石狩町は、約 2,500 名の住民を抽出しアンケートを行い「石狩市」とすることに決まったことも、9 月 1 日の市制移行に先だってお知らせしたい。(1996 年 6 月)

6.8 長い冬の後は・・・美しい春・・・でも・・・

1995～96年の冬は、札幌近郊で降雪・積雪量とも史上最高の記録であった。特に1月9日の豪雪で、マイカーはもちろん、航空機・JR・電車・バスもほとんど動かず、交通が全く麻痺（まひ）してしまった。私との数十分の打ち合わせのため来道した関西の知人が、その後3日間も足止めされたということを後で知り、私の責任ではないとはいえ、今でも誠に申し訳なかったと思っている。

さて、今年（1996～97年）の冬は雪が少なく、1月末の積雪量は過去最低であったが、「雪祭り」が終わってからは、かなり雪が降った。その結果、積雪が平年を上回り、累積降雪量も平均近くに迫っているとのことである。

このようなことから、自然現象というものは長期間にわたり広い地域で見ると、平均的というものがあるが、人間の一生程度の年月と日常行動する範囲程度では、常に変動しており、平均的なことは平均的に起こらないのではないかと考えたくなる。

さて、こんな戯言（たわごと）をいってはみたが、北海道では毎年必ず長い冬が来る。現在、生命を受けた人間が生きているくらいの期間では、この気象は変わらないであろう。

この北海道の長い冬を、初冬・寒中・残冬に3分類し、その後に春・夏・秋の六季とすべきとの説もある。ゴルフも1年の中で5か月間はコースでプレーできないので、この分類に同意せざるを得ない。

よって、北海道では長い冬をどのように過ごすかが生活のポイントである。ウインタースポーツが健康にもよいのであろうが、私にはせいぜい温泉ぐらいがよいと勝手に決めている。幸い、近くに温泉があるので毎週欠かさず行っている。特に、雪の降っているときの露天風呂は最高で、呼吸ができる程度に顔を湯から出して、降ってくる雪の結晶を眺めつつ、降りかかってくる雪が顔の表面で解けていく感触、この爽快（そうかい）さは格別である。露天風呂に、缶ビールを持ち込んで屋外雪中宴会を楽しんでいるグループも多く、いつかは私自身も・・・と思っている。

雪景色の中では、雪が降った直後が好きである。全てが雪で覆い尽くされ、本当に美しい。足跡やシュプールの全くない所で、自分の足跡を残しながら

歩くのも、スキーのクロスカントリーやダウンヒルも、大げさにいうと自分が初めてその場所に足跡を残した感じがし、何となく征服感が味わえる。

　雪の効用として、冬期の積雪がダムの作用をするため、北海道では水不足がないというメリットもある。しかし、よいこと・美しいことばかりではない。雪氷で覆われた路面は、とにかくよく滑る。車はブレーキがきき難く、一度事故が起こると、次から次へと、いわゆる玉突き事故となる。歩行者が滑って転ぶ光景をよく見るが、他人事ではない。私自身、一冬に1〜2回は一瞬両足が地面から離れると感じるほどの転倒を経験する。

　路面が滑るか滑らないかは、気象と交通量によって大きく変化する。例えば、気温が0度±数度の場合、車がブレーキをかける交差点付近がツルツルとなりよく滑る。時には、車道に凹凸が多数でき、こぶ氷・そろばん氷・ゴジラ氷などと呼ばれる面白い状態となり、これも滑り易い。気温がさらに低くなると、今度は滑りにくくなる現象が生じてくる。

　そして、春になり雪が解け始めると、屋外ではゴミが一度に見え出し、幻滅感を味わうほどである。冬の間は、ゴミを路上に捨てても雪が隠してくれるので、あまり抵抗感もなくゴミを捨てるようである。（そういえば、南極大陸では探検隊のゴミの山、過疎地では産業廃棄物の山などが、報道されていたことを思い出す。）

　身近な問題として、路上のゴミの中で最も多いのが、たばこの吸い殻のようである。日本では1982年に京都市が初めて「ポイ捨て防止条例」を制定し、今では全国で33市が制定しているとのこと。北海道では、函館市と旭川市が制定しているが、罰則のないマナーの向上を期待する精神的なものである。マナーの向上を待つのも性善説にもとづいた人間性のある処置であろうが、路上のゴミや吸い殻を見る度に、罰則を伴う条例を早急に各市で制定すべきと思わざるを得ないでいる。（1997年4月）

6.9　屋根はやっぱり三角屋根

　北海道の特徴の1つとして、住宅が本州とはかなり異なっていることがある。屋根は瓦葺（かわらぶき）でなくカラフルな金属板（長尺鉄板）で覆われており、それに呼応するように外壁の色も一層カラフルな住宅が多い。新千歳空港から札幌に向かうJRの中から外を眺めている観光客が、そのような住

6.9 屋根はやっぱり三角屋根

図 6.16　雪が滑り落ちる三角屋根の住宅

図 6.17　雪が滑り落ちない陸屋根の住宅

宅を見て「あら、可愛い」などと一緒に来た友人と言葉を交わしている光景は珍しくない。

北海道の住宅の屋根形状が、雪が滑り落ちるようにした三角屋根（図 6.16）が減り、雪が滑り落ちないよう（無落雪）にした陸屋根（ろくやね、図 6.17 のような平らな屋根）が増加していることを 6.1 節で紹介した。

無落雪の屋根が好まれるのは、落雪による事故を防ぐことと、地上に積もった雪を処分する苦労を少しでも和らげるからである。北海道でも住宅の敷地は次第に狭くなってきており、落雪が隣家の窓ガラスを破損したり、軒

図 6.18　無落雪の勾配（傾斜）屋根の住宅

下の歩行者に怪我（けが）をさせたり、場合によっては死亡事故の原因となることもある。雪を郊外に運び出す費用は、札幌市では一冬 200 億円、全人口一人当たり 1 万円以上となることもある。それでも市が除雪全てを行うわけではないので、最近では個人が自宅の庭隅に灯油を利用した融雪装置を持つことが多くなっている。

このような背景の中、最近は図 6.16 と図 6.17 を組み合わせた、図 6.18 のような屋根が徐々に多くなっているので、それを紹介したい。

それは、平らではなく傾斜した屋根であるが、屋根を覆っている長尺鉄板の継ぎ目（「はぜ」という）の方向が横になっていて雪が滑り落ちるのを防ぐ仕組みになっている。ちょっと注意してみると、屋根面から 5 cm ほど突出した「はぜ」の方向が水平になっているので、外観からすぐに分かる。もっとも、このはぜは厳密には水平でなく少し傾斜（1/100 程度）がついていて、雨水や融雪した水が流れるように工夫されている。

傾斜した屋根でも無落雪にすることができるようになったため、どのような形状の無落雪屋根も可能となったわけである。三角屋根の場合には、小屋（屋根）裏の空間を居住や収納スペースに利用できるメリットもあるせいか、徐々にこの形式の屋根が増えている。しかし、本当の理由は、三角屋根のほうが屋根らしく感じられるので、このタイプの屋根が増加しているに違いないと思っている。（1997 年 12 月）

6.10 スカートは暖かい？！

「スカートは暖かい」といっても衣服のことではなく、建物のスカート[*]のことを紹介したい。

北海道のような寒冷地では建物を断熱することが暖房効果を高め、快適な室内空間を確保するために不可欠である（最近では本州でも、冷房のために断熱材を利用する例が増えている）。一般に、断熱材は建物の外周全てに入れなければ効果が上がらない（もちろん、開口部には2〜3重ガラスのサッシュを用いる）。また、通常は耐久性のため、基礎に換気口を設け、床下の通風をよくする必要がある。よって、例えば図6.19(a)のように断熱材を入れることになる。この工法を次に説明する工法と区別するため「床断熱」と呼ぶ。このようにすると確かに建物の内部は暖かいが、床下は外部と同じ温度条件で、配管の中で水が凍ってしまうこともある。これを防ぐため配管を断熱材で覆う場合もあるが、図6.19(b)のように基礎に断熱層を設け床下ごと断熱する工法が用いられる例も多くなってきている。基礎の内側に断熱層を設ける場合もあるが、これらは「基礎断熱」と呼ばれる。基礎断熱は、床断熱より断熱材が少なくてすむ場合が多い上に、床下が建物内部のようになり配管の凍結の心配がないし、床下の空間を利用できるメリットもある（なお、この場合には床下に換気口を設けず、床下も暖房することになる）。

さて、ここで説明するのはこの基礎断熱をさらに改良した工法で、図6.19(c)のように基礎断熱とした上に、断熱材を地面の中でスカートのように広げる「スカート断熱」である。この工法は、基礎断熱のメリットに加え、断熱材の下の地盤が凍らないため基礎下端を深くする必要がなくなるメリットもある。

この点についてもう少し説明しておきたい。寒冷地では冬期に地盤が凍結し地面が持ち上がる現象が生ずる。これを「凍上」（とうじょう）と言うが、凍った地盤は春になると解けるため、毎年地面は持ち上がったり下がったりすることになる。この繰り返しのため、その上の建物は年々傾いてきて大問題を引き起こすことになる。特に、地盤が悪いとこの現象が著しい。このよ

---

[*] 北海道建設部建築指導課、北海道立寒地住宅都市研究所編集：スカート断熱工法設計・施工マニュアル、平成9年7月

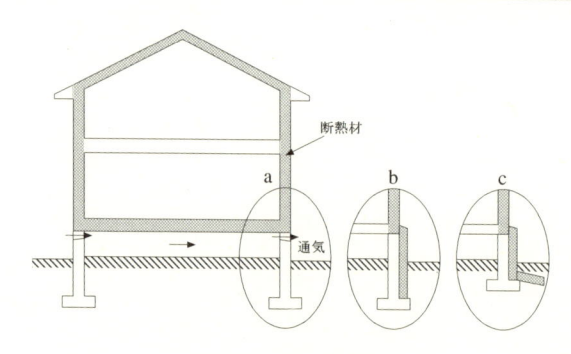

図 6.19 3種の断熱工法
(a. 床断熱、b. 基礎断熱、c. スカート断熱)

うな現象を防止するため、北海道では基礎の下端を凍結する面より深くする必要がある。この深さ(凍結深度という)は場所によっては1m以上(例えば、札幌で60cm、釧路で100〜120cm)にもなる。

　基礎が深くなることは構造的には好ましいが、コストの面でのマイナス点も大きい。これらの問題点を一気に解決できるのがスカート断熱である。このようなメリットを考えると、寒冷地ではこの工法が急速に普及する気配がする。ただし、建物と基礎の間に積層ゴムなどをはさみ、地震時の建物の揺れを小さくするいわゆる免震構造にこの工法をこのまま用いることは難しく、さらに改良すべき点もあるように思われる。(1998年2月)

6.11　開業10周年を迎えた世界最長の青函トンネル

　1998年3月13日にJR北海道主催の青函トンネル開業10周年の記念セレモニーが函館駅で行われたが、ちょっと寂しい式典であったようである。

　北海道と本州を結ぶ海底トンネルの長さは53.85km(海底部23.3km)で、もちろん世界最長である。東京−大阪間の新幹線ができる前まではトンネルの長さは36.4kmの計画であったが、新幹線を通すことができるように勾配やカーブを緩やかに変更して現在の長さになった。この変更がなければ、世界一は1994年に開通した英仏海峡の「ユーロトンネル」(長さ50.5km)に奪われるところであった。

6.11 開業 10 周年を迎えた世界最長の青函トンネル

図 6.20 函館－青森を結ぶ津軽海峡線
（点線は青函トンネル部分）

　青函トンネルの構想は第二次世界大戦以前からあったが、建設の気運が急速に高まったのは 1954（昭和 29）年の台風 15 号である。タイタニック号の事故（犠牲者 1,500 名）に匹敵する青函連絡船・洞爺丸の沈没による死者 1,167 名は我国最大の海難事故である。洞爺丸の他に 4 隻の船が沈没し、全体で死者・行方不明 1,430 名の事故を引き起こしたこの台風は「洞爺丸台風」とも呼ばれている。このような事故を無くするという悲願の海底トンネルは、構想から 50 年・着工から 24 年後の 1988 年に開業し、その後 10 年間は人身事故や火災もなく技術的に見れば問題点が全くないように見える。

　しかし、このトンネルは利用者の減少という大きな問題に悩んでいる。開業初年度は 300 万人を越えた利用者が、10 年後の 1998 年度には 190 万人を切ると予想されている。この最大の原因は航空路線の充実である。千歳－羽田間は世界で最も頻繁かつ多数の乗客を運ぶことのできる路線（ジャンボやエアバスが一日 37 往復）で結ばれている他、多数の航空路線がある。更に、トンネルと同時に青函連絡船は廃止になったが、北海道と本州を結ぶ多くのフェリー路線は順調に利用者を伸ばしている。フェリーより鉄道の方が速いが、荷物の積み卸し時間を加えると両者は同程度になるという。

　ユーロトンネルは、建設費が計画当初より大幅に増加したため問題がまだ残ってはいるが、利用者は 1995 年の 300 万人弱から 1997 年には 600 万人

と順調に伸びている。この増加の原動力となっているのは自動車ごと乗客を運搬するカートレインであり、青函トンネルでも同様の構想もあるが、投資額との兼ね合いもあり、即座に実行とはいかないようである。

　私自身も利用者の増加を願ってはいるが、実際にトンネルを列車で通過したのはだだの一回である。札幌・上野間の直通寝台列車「北斗星」は夕方5〜7時に出発し翌日の昼前9〜11時に到着する。航空機を利用すると列車より遅い時刻に出発する便があり、もちろん同日中に着くので航空機を利用してしまう。

　結局、時間が一番の問題で、新幹線が札幌まで開通するならば、航空機に対抗できるのは間違いない。トンネルの設備など全てを新幹線規格で建設した経緯を尊重し（青森までの建設が本格化したが）、札幌まで一気に新幹線を建設してはどうであろう。経済的な面からのみの判断ではなく青函トンネルの工事費約7,000億円が無駄とならないようにするため、そして青函トンネルを20世紀の遺物ではなく「21世紀への遺産」（JR北海道のキャッチフレーズ）とするための決断があってもよいような気がする。バブルに浮かれた金融機関に国費を何兆円（何十兆円?）もつぎ込むよりは、新幹線の方が次世代で評価されるはずと思っている。(1998年4月)

6.12　白鳥大橋：長さは10番でも美しさと安さは一番

　北海道室蘭市の港を横断する白鳥（はくちょう）大橋が1998年6月13日に開通した。この吊り橋は中央径間が720mで、日本では第10番目、世界では第28番目（いずれも建設中のものを含む）である。ちなみに、明石海峡大橋の1,991mは世界最長、米国の有名なゴールデン・ゲート橋は1,280mで世界第7位である。これらの吊り橋に比べると、規模はそれほど大きいとはいえないが「白鳥大橋」という名前は美しさを象徴するものとしては一番といってもよいであろう。

　室蘭港は馬蹄形の室蘭市に囲まれ、港としては好都合であるが、馬蹄形の一方の先端から他方の先端までの道路の長さは約18km、車で30分ほどかかる。それが、中央径間の720mを含む全長1,320mの白鳥大橋によって車

6.12 白鳥大橋：長さは10番でも美しさと安さは一番

で数分となったのである。

室蘭市民にとっては、この橋が市の今後の発展の起爆剤になって欲しいと願っている。というのも、この橋は構想からおよそ50年、建設開始から14年目にしてようやく開通したが、構想段階では鉄鋼産業が順調に発展し、室蘭市の人口も18万を越え、将来は20～30万になるであろうと予想されていた。

ところが、オイルショックに始まる不況は政府に緊縮財政をとらせ、公共投資の引き締めの中、幸い1981年に予算が計上されようやく建設の目処がついたのである。しかし、その後も基幹産業の鉄鋼は陰りを深め、室蘭市でもいわゆる鉄冷えと呼ばれる不況で、橋の完成した現在では人口が11万を切っているのが実状である。このため、建設当初は産業道路の一部としての役割を担うはずだった白鳥大橋も生活・観光道路の一部として活用されることに重点がおかれることになった。

このような経緯があり、総工事費およそ1,000億円のこの橋は有料にするとの計画もあったが、予想される通行量が少ないため、有料化のための新た

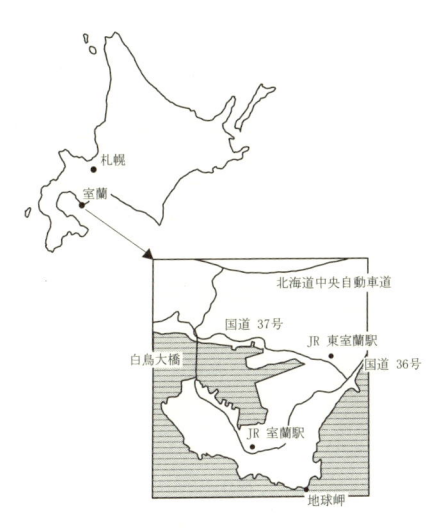

図 6.21 室蘭市と白鳥大橋

図 6.22 長さは 10 番・美しさと安さは一番の白鳥大橋

な投資に対して採算がとれないなどの理由で当面は無料となった。他の長大橋が有料の中、このような理由で無料にするのは納得がいかないとの意見もあろうが、利用者にとっては嬉しい話である。

その名の通り白く塗られた白鳥大橋の近くには北海道自然百選で第 1 位になった地球岬、登別温泉、支笏洞爺国立公園もある。白鳥大橋を遠くから眺めてもよいが橋を通過する時の景色も素晴らしい。ぜひ多数の人々がこの橋の美しさと共に周囲の自然の美しさも堪能して欲しいと思っている。(1998 年 8 月)

6.13 改修工事が完了した札幌の時計台

改修のためしばらく見ることができなかった札幌の時計台が、3 年 9 か月振りに 1998 年 10 月から見学できるようになった。老朽化のため改修工事が企画されていた最中に阪神・淡路大震災が発生し、その教訓として耐震補強も行い、当初予定の 2 年半を大きく上回る工事が完了したのである。

時計台は、北海道大学の前身である札幌農学校の演武場として 1878 (明治 11) 年に建設された。しかし、当初は時計塔の部分がなく、1881 (明治 14) 年に付設されたので、正確にはそれ以降が時計台といえる。一番目立つ時計は米国製で、当時から修理期間を除いて、現在まで時を刻みつづけている。

6.13 改修工事が完了した札幌の時計台

図 6.23 一般見学を再開した札幌の時計台

1906（明治 39）年に時計台が農学校から札幌に移管され、同年に道路建設のため現在地へと南西へ 130 メートルほど移された。

明治以降の歴史がほとんどの札幌にとって、大切な歴史的財産である時計台は 1970（昭和 45）年に国の重要文化財に指定されており、また高階（たかしな）哲夫作詞作曲の「時計台の鐘」や「・・・白い時計台だよ・・・」と歌われている北原白秋作詞・山田耕筰作曲の「この道」は特に有名である。もっとも、私が子供の頃は、緑色の時計台であったことを覚えている。1949（昭和 24）年に緑色に塗り替えたが、歌の文句と一致しないためか住民の反対が強く 1953（昭和 28）年に白色（に近いうぐいす色）に戻されたいきさつがある。

ビルの谷間にある時計台はほんの小さな建物で、「こんなちっぽけなものか」とがっかりする観光客もいるらしいが、依然として最も人気の高い札幌の観光名所の一つである。時計台がビルに囲まれるようになり、郊外に移設

することも検討されたが、1966（昭和41）年には札幌市議会が現在地に永久保存すると決議している。

時計台は北米の伝統的バルーンフレーム工法による木造である。日本で近年用いられている北米の工法に枠組壁工法（ツーバイフォー工法）があるが、ツーバイフォー工法は、日本の在来木造で用いる正方形断面の柱の代わりに、断面 4 cm×9 cm または 4 cm×14 cm で 1 階分の長さの間柱（まばしら）を 40～60 cm 間隔で配置する。これに対し、バルーンフレーム工法はツーバイフォー工法の基となった工法で、間柱は 1 階から 2 階までの通し柱となっている。時計台は基本的にはバルーンフレーム工法であるが、和洋折衷的なところもあり、正角（しょうがく：断面が正方形）の柱も用いられている。この工法による建物は北海道大学の農場のモデルバーンなど少数残っているが、わが国では珍しい工法である。耐震補強は、間柱に筋かいの代わりとなる厚さ 12 mm の合板を釘で打ち付け壁下張りとする方法で、合板を筋かいの代わりに用いるのも、日本の伝統的な工法ではなく北米からの工法である。

改修に伴い、展示物なども充実し「時計台の鐘」をオリジナル版で聴くこともできるようになった。2 階は建設当時を再現したホールとなり、夕方 5 時半から 8 時まで一般貸し出しも行うようになった。外周を囲んでいた高さ 150 cm の鉄製のフェンスは目障りであったが、高さ 70 cm の石塀となった。更に、ビルに囲まれているため、時計台をバックに記念写真を撮ることが以前は難しかったが、撮影スポットが敷地の角にできた。小さな段のお立ち台の上に立って、カメラマンがしゃがんでシャッターを押すと図 6.23 のような写真が撮れる。観光客にも好評で、皆さんにも内外部を見学し最後に写真を撮ってはいかがかと思っている。（1998 年 12 月）

6.14 「さっぽろ雪まつり」半世紀

1999 年 2 月に開催された「さっぽろ雪まつり」は第 50 回という節目にふさわしく約 330 基の雪像・氷像が作成され、過去最高の 220 万人が見物に訪れた。最近では、札幌市の人口 180 万を越える約 200 万人の見物客が集まり、その経済効果は 200～300 億円といわれ、観光閑散期の 2 月に札幌の経済を潤す貴重なイベントである。

雪まつりのヒントは小樽の北手宮小学校で 1935 年に始まった雪像作りと

6.14 「さっぽろ雪まつり」半世紀

図 6.24　第 50 回さっぽろ雪まつりの雪像の一つ

いわれている。「戦後の暗いムードの札幌に新しい風を」との発案により、雪まつりは戦後間もない 1950（昭和 25）年に開催された。冬期は単に雪捨て場となっていた大通り公園の雪を利用して中学生と高校生が作成した雪像はわずか 6 基であった。見物客は 5 万人であったが、当時の人口が 31 万であり、開催期間が 2 日間であったことを考えると、ささやかながらも順調なスタートであった。その後、開催期間は延長され 5 日間、更に 1987 年からは現在の 7 日間となっている。

恒例の大雪像が本格的になったのは、自衛隊が参加した第 6 回からである。参加を依頼された自衛隊は、自らの存在と活動を国民に理解して欲しいと願っていて、タイミングがよかったに違いない。さらに、築城訓練にもなるということで、多数の自衛隊員の組織的な力により、真っ白い新雪を郊外から大量に運搬し、巨大な雪像がそれ以降毎年造られるようになった。

雪まつりの規模が一気に拡大したのは第 10 回からで、市と経済界の協力が功を奏し、前年の 2 倍以上の 55 万人が大通り会場に訪れた。その後も規模は順調に拡大し、1965 年からは真駒内が第 2 会場として加わり、更に 1972 年冬季オリンピックが札幌と雪まつりを国際的にも有名にしたのである。

さて、国民的行事といわれている「NHK 紅白歌合戦」も 1950 年大晦日が第 1 回で、それより 11 か月前の 2 月に開始された「さっぽりろ雪まつり」に対しても、マンネリ化という声が次第に聞かれるようになってきた。

指摘されている点は、市民からは、観光客は増加したが市民の参加が少な

く、もっと市民中心にすべきである。観光客からは、単に見物するだけではなく、雪像作りなどにも参加できるようにして欲しい。長年参加している市民の中からは、以前は雪像作りの合間にジンギスカン鍋を囲んで雪像のできばえなどを語ることができたが、火気の使用禁止で、それができなくなってしまったなどのコメントもある。

一方、ボランティアが高齢者や障害者の手助けをしたり、7か国の外国語通訳を行っている。市民雪像造りへの申し込みの競争率は5倍以上で、市民が自ら参加する意欲が一層高まっている。また、1974年に始まった国際雪像コンクールも年々活発になってきており、楽しみな点も多い。

50年も連続して開催しているため、今後の雪まつりの内容を一気に変えることは難しいであろう。しかし、1950年当初は毎年開催するとは考えていなかったので「第1回」とはいわなかったし、札幌のデザイナー栗谷川健一氏のポスターにも第1回とは描いていなかった。そのおかげで、第8回まで同じポスターを使ったというエピソードがある。これからは、これまでの実績にあまりとらわれず、とはいっても場当たり的ではなく、回を重ねる毎に楽しい雪まつりになって欲しいと願っている。(1999年4月)

6.15 頑張れ「Air Do 北海道国際航空」

日本国内の航空運賃は世界で最も高いといわれており、それを何とか打破しようとして、大企業のバックアップなしに設立されたのが Air Do(エア・ドゥー)北海道国際航空である。

千歳−羽田間を大手3社(日航、全日空、日本エアシステム)の正規運賃(24,700円)の半額という目標に向け数々の困難を克服し、半額とはならなかったが片道16,000円の格安で、初便が1998年12月に飛んで以来、搭乗率は大手3社よりかなり高く、順調なスタートであった。それでも、スカイメイト(半額の8,000円)の利用率が予想より高かったり、経費も予測よりかさんだりして、約10億円の経常赤字の解消にはかなりの年数がかかるとの見通しであった。

しかし、最も深刻な問題は Air Do に対抗した大手3社の特別割引で、1999年3月から片道17,000円の運賃を設定した。それでも1,000円安い Air Do の方が高い搭乗率であったため、大手3社は更に割引し Air Do と同額にし

6.15 頑張れ「Air Do 北海道国際航空」

図 6.25 北海道のロゴが入っている Air Do のボーイング 767 機

た 6 月からは、Air Do の搭乗率は大手 3 社より低くなってしまったのである。ボーイング 767（286 人乗）1 機（図 6.25）をリースしそれを 1 日 3 往復のみさせている Air Do よりも、同じ運賃であれば便数が多く、便利な方に利用者が流れるのもやむを得ないのかも知れない。

大手 3 社のすばやい対応策として特別割引を決定した時に、Air Do の幹部は「今下げられるなら、なぜ運賃自由化時に下げなかったのか。(その時下げてくれていたら)道民が苦労して Air Do を設立する必要がなかったのに・・・」とぼやいたそうである。

いずれにしても、利用者にとっては運賃が下がるのは結構なことであるが、大手 3 社の千歳－羽田間の全便が安くなったのではない。Air Do の前後 1 時間以内の便のみに特別割引を設定したのである。いわば、大手 3 社による Air Do「はさみうち」作戦である。これほど露骨な弱いものいじめが、おおっぴらにできるとは私自身は想像だにしていなかったが、公正取引委員会は法的には問題がないといっているようである。Air Do は 2 機目の運行を計画しており、それが実現すると、大手 3 社は千歳－羽田間の全便に割引をせざるを得なくなるので、Air Do の 2 機目の早い就航を願っている。

さて、変更手数料が高く利用し難いが、早割という制度が以前からあり、例えば 4 週間前だと 1/2 の割引となる。ところで、この割引があるのは競争路線のみで、要するに競争がなければ運賃が下がらないのである。

このような状況を見ると、Air Do の経営が行き詰まり運行中止ともなれば、大手 3 社は特別割引を廃止するに違いないので、Air Do にはこの意味でも頑張って欲しいと願っている。

大手 3 社の露骨な作戦への対抗策は容易には見つからないが、Air Do に限って早朝・深夜にかかわらず発着可能とするのはいかがであろう。そのような便があれば利用者も多いはずで、赤字解消に寄与するに違いない。Air Do のみへの優遇策は可能かとの心配もあるが、Air Do の前後の便のみの特別割引が認められるくらいであるから、多分問題はないであろう。騒音問題については「道民の翼」として発足した Air Do の応援のためには、千歳市・苫小牧市の皆さんも賛成してくれるのではないかと思っている。(1999 年 8 月)

(その後、AirDo は経営難のため会社更生法の適用を受け、現在では ANA とのコードシェア便によって何とか存続している。)

6.16　23 年振りに噴火した有珠山

6.6 節の「火山と彫刻に囲まれた洞爺湖」(1994.10) で、「当分は噴火の心配はないようである」と紹介した有珠山 (うすざん、図 6.13 の A) が 2000 年 3 月 31 日に噴火した。

有珠山の火山活動は数千年の休止期を経て、1663 (寛文 3) 年、1769 (明和 6) 年、1822 (文政 5) 年、1853 (嘉永 6) 年、1910 (明治 43) 年、1944 (昭和 19) 年、1977 (昭和 52) 年、2000 (平成 12) 年と数 10 年毎に噴火を繰り返している。

今回は、3 月 27 日から火山性地震が多発し始め、3 月 28 日には一部の住民が自主的に避難を開始した。3 月 29 日には、通常は災害が起こってから適用される災害救助法が事前に適用され、緊急火山情報も初めて噴火の前に出された。このため、有珠山周辺の伊達 (だて) 市、壮瞥 (そうべつ) 町、虻田 (あぶた) 町は、災害を受ける危険性の高い地区の住民に避難勧告を出し、更に夕刻には避難指示に切り替えた。約 10 分毎に地震を感じるという不安の中、一時は約 1 万 6 千人の住民が公民館や学校の体育館などに避難した。

有珠山では、過去の噴火のほとんどは火山性地震が多発し始めてから数日後に起こっている。噴火が予想される中、今度は前回の噴火からまだ 23 年しか経過していないので、噴火には至らないのではとの期待もあったが、残念

ながら噴火が現実となってしまったのである。それでも、噴火を予知し、噴火前に住民が避難を完了したのは世界でも初めてで、この点については高く評価されている。

幸い、可能性のある噴火の中では最も被害の少ないマグマ水蒸気爆発で、5月中旬には活動が大分収まり、部分的に避難指示が解除され、徐々に住民は避難所から自宅に戻ることができるようになった。(それでも、5月中旬現在で約7千人が避難所で仮住まいをしている。) 火砕流が発生しなかったので、このまま火山活動が収まれば、比較的被害の少なかった噴火といえるかも知れない。

しかし、まだ噴煙や火山灰を出している新しくできた噴火口は洞爺湖温泉に近く、温泉街付近の住民は自宅やホテル・旅館に近づくこともできない状態である。そして、いつ戻れるかの目途は全くついていないというより、温泉街全体を他の場所に移すという議論も実際に行われている。

避難所での集団生活によるストレスを訴える人も多く、避難が長期になることも予想されたため、行政は素早い対応で仮設住宅を建設した。新しく建設された仮設住宅や避難者に割り当てられた公営住宅で生活を始めた住民もいるが、実はまだ空家のままのところもある。この理由は経済的なことにある。家賃は無料でも光熱費・水道料などは住民の負担で、収入源を失った住民の中には経済的な理由で、仮設住宅への入居を申し込まなかったり、抽選で当たったにもかかわらず、入居をためらっている人も多いのである。

火山噴火の予知に世界で初めて成功し、噴火前に避難を完了し、住民の生命を守るという目的は達成され、避難民のための仮設住宅も完成した。よって、噴火が起こったにしては、事前・事後の対応は非常によかったといえるであろう。しかし、まだ避難所にいる住民のこれからの生活などについては全く解決していない。私自身ができることは何かなどと自問し、思いついたのは恥ずかしいながら、わずかな金額の寄付であった。(2000年6月)

6.17 無料の市営公園となったカナディアン・ワールド

4.7節にカナダのプリンス・エドワード島にある「赤毛のアン」の舞台とされる建物について書いた。プリンス・エドワード島はカナダの大西洋側にある小さな島で、たとえカナダに行っても、ナイヤガラの滝などの観光途中にちょっと立ち寄るというわけにはいかないので、北海道芦別市にあるテーマパーク・カナディアン・ワールドを訪れてはいかがかとその時に紹介した。

本節では、このカナディアン・ワールドの話をしたい。カナディアン・ワールドは産炭地振興のモデルとして産業基盤整備基金の適用を受けた第1号である。およそ50億円を投じて建設し、1990年オープン、1991年には年間27万人が詰めかけたが、1997年には入場者は9万人にとどまり、結局一度も黒字になることなく休園となってしまった。

金融機関からの借入金を保証していた芦別市は、契約上事業を中止すると借金と利子を一括返却しなければならず、事業を継続する苦肉の策として1999年夏から入場無料の市営公園として再スタートし、20年間で借金を返

図 6.26 芦別市カナディアンワールドの「アンの家」
(アンの服装のカナダ人女性と一緒に写真も撮影できる。)

6.17 無料の市営公園となったカナディアン・ワールド

図 6.27 公園中央の建物、イベント広場と湖
（公園全体はすり鉢状の地形で周囲から全体を一望できる。）

済することで金融機関と折り合いを付けた。

　筆者は以前に入場料 2,000 円を払って行ったことがあるが、再度カナディアンワールドを訪れてみた。無料になっても利用する人は少ないので、即座に閉園すべきとの意見もあったようであるが、無料になってからの入場者は（年間 1 万数千人と控え目な）見込みを上回っているようである。

　市営公園となっても、施設はほぼ以前のままで、「アンの家」の前にはカナダ人の美しい女性がいて、一緒に写真を撮ることもできる。カナダの 19 世紀の風景を再現した建物には、テナントとして土産店や飲食店などがあり、子供を乗せて（大人も同乗できる）園内を一周するミニ列車も好評である。芦別市にとって、テナント料は収入となっても借金の返済と維持管理費の支出は大きな負担であるに違いない。我々が応援できることは、この施設を大いに利用することであろう。無料でこれほど素敵な時間・空間・風景・気候を体験できる場所はそうは多くない。更に、すぐ近隣には温泉（日帰り入浴も可）、花しょうぶ園、パークゴルフ場、キャンプ場などもあり、子供から高齢者まで年齢にかかわらず格好の行楽地である。

　最後に、カナディアンワールドと本家の「アンの家」とのエピソードを一つ。1997 年に本家の「アンの家」が火事になり内部が損傷してしまった。ところが、カナディアンワールドを建設する際に用いた、アンの家を正確に実

測した設計図が芦別市にあった。これを「復旧のため貸して欲しい」とカナダ側から要請があり、恩返しをしたのである。幸い火事による被害は軽微であったため無事修復が行われ、一般に公開されているので、もちろん本家の「アンの家」もお勧めする次第である。(2002年6月)

6.18 旭川へ移転した「寒研」改め「北総研」と近くの名所

長年「寒研」の略称で呼ばれていた北海道立寒地住宅都市研究所は2002年4月に札幌市から旭川市に移転した。

この研究所のはじまりは、北海道ブロック建築指導所など3つの試験研究機関を統合し、1955年に設立された「北海道立寒地建築研究所」である。1989年には北海道庁の機構改革に伴い「北海道立寒地住宅都市研究所」と改称されたが、略称の「寒研」は変える必要がなかった。この度の移転では、研究所の今後の活動と飛躍的に充実した研究環境・施設を考慮し「北海道立北方建築総合研究所」(略称「北総研」)と改称された。

この研究所の敷地は3.4 ha、建物・施設の延床面積は$8,356 m^2$である。地上4階地下1階の細長い平面の本館と実験棟(風雪・環境・物理・材料・構造・

図6.28 「北海道立建築総合研究所」本館(右)と実験棟(左)

図 6.29　「三浦綾子記念文学館」の外観

耐震実験室など)の間は大きなアトリウムとなっており、本館から実験棟へ行く際に屋外に出る必要がなく、寒冷積雪地では特に便利である (図 6.28)。ただし、防耐火と防音実験棟はその性質上、別棟となっている。

　南に面している研究本館の大きな窓から光を採り入れ、かつ直射日光を遮(さえぎ)るルーバーを設けているので、日中ブラインドを下ろして照明を点灯させるような無駄はしなくてもよい。また、アトリウム全体が換気ダクトの役割をしているため、暑い時は窓下の腰壁にあるハッチを開き、アトリウムの天井を一部開くと自動換気装置となる。更に、真夏の暑いときには冬期間に貯蔵した雪の冷気による冷房が可能である。これらの制御はコンピュータではなく、全て手動で行うことになっている。コンピュータ制御によって時折生じるかも知れないトラブル発生時の対応や長年に渡る維持費のことを考慮した結果であるとともに、建物の使用者が季節に応じたちょっとした調整の手間をいとわないことで、大規模な建物でも高価なハイテク設備に頼らずに快適な環境をつくりだせることを実証するためである。この他、建物・施設には今までの研究成果や種々の工夫が盛り込まれている。

　「北総研」は旭川駅から車で 20 分程度の旭川リサーチパーク内(緑が丘東 1 条 3 丁目)にあり、その途中にある名所もぜひ訪れてみたい。

　一つは「三浦綾子記念文学館」(神楽見本林)で、懸賞小説で入選し新聞に

図 6.30 「雪の降る街を」の歌碑

連載されベストセラーとなった「氷点」の舞台である見本林の中に建設されている(図 6.29)。展示物はもちろんであるが、雪の結晶の六角形を基本とする平面を持つ建物の外観も興味深い。その近くの「雪の降る街を」の歌碑(神楽 3 条 7 丁目)は 2002 年 6 月に除幕式があり、作詞家の故・内村直也氏直筆(じきひつ)の歌詞が刻まれている(図 6.30)。内村氏が 1973 年に審査員として旭川市を訪れた際に、旭川北都商高合唱部が歌ったこの歌に感銘を受け、「この歌を旭川の歌にしてもよい」と語ったそうで、その時に書いた歌詞が歌碑となっている。(2002 年 8 月)

あとがき

　この本は(社)建築研究振興協会の機関誌「建築の研究」(写真参照)に1988年から2005年まで17年間に渡って連載したものを編集し、まとめたものです。

　この連載のきっかけは、1986年に私が建設省建築研究所企画調査課長になり、「建築の研究」の編集委員になったことです。編集委員として何か書くべきと思い、「ちょっと真面目・チョット皮肉」という題名の下に1.1節「年齢と共に年月はどのくらい速く過ぎると感じる？」を書きました。それ以降の内容について明確な考えもなかったのですが、企画調査課長であるうちは連載を続けたいと考え、数回は書く積もりでいました。

　企画調査課長の任期は2年ほどで、その後に国際協力事業団(JICA、現在の国際協力機構)の長期派遣専門家としてペルーに行くことになりました。ペルーでは、国立工科大学地震防災センターのチーフアドバイザーとして2年3か月滞在し、この間は地震防災センターやペルーのことなどを紹介しました。ペルーでの生活は苦労も多く、5章の一部でそのことを紹介していますが、通常はできない貴重な経験をすることができ、そのような機会が与えられたことに感謝しております。

　1991年6月にペルーから帰国しましたが、その直後にペルーでJICAの日本人専門家3人がテロリストによって殺害されました。その中には私の送別会に参加してくれた人もおり、決して忘れることができない残念な事件です。

　ペルー帰国後、まもなく北海道大学に出向となり、それからは北海道のことや海外出張の際に感じたこと、日常感じていることなどを書いていました。1993年には釧路沖地震と北海道南西沖地震が起こり、更に1995年阪神淡路大震災が発生したため、地震や耐震に関することも書いているうちに、自分

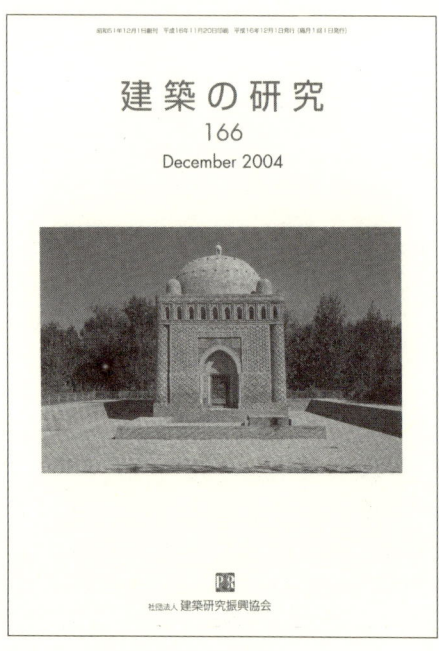

「建築の研究」第166号の表紙

でも想像しなかった回数になりました。連載中に、友人・知人から「読んでいるよ」といわれたり、感想を聞いたりして、書き続ける意欲が得られることもありました。このような点について多くの友人・知人に感謝しております。

この本の出版に際して、「建築の研究」編集委員会の皆様、特に幹事の菊岡倶也さんの貴重なアドバイス、事務局の太田三香子さん、北海道大学工学研究科空間構造解析学分野の麻里哲広さん、須戸純子さん、学生諸君、家族からのコメント、そして年末・年始をはさんだ忙しい折に短期間で出版していただいた三和書籍の高橋考社長に心からお礼を申し上げます。皆様、本当にありがとうございました。

【略歴】
石山　祐二（いしやま　ゆうじ）
　1942年　　札幌市生まれ
　1965年　　北海道大学工学部建築工学科卒業
　1997年　　北海道大学大学院工学研究科修士課程修了
　1967～71年　建設省営繕局建築課
　1971～91年　建設省建築研究所
　　（1984～85年　カナダ国立研究院建築研究所・客員研究員）
　　（1989～91年　ペルー国立工科大学、日本ペルー地震防災セン
　　　　　　　　ター・チーフアドバイザー）
　1991～97年　北海道大学工学部建築工学科・教授
　1997～05年　北海道大学大学院工学研究科・教授
　2005年　　北海道大学定年退職・名誉教授
　2006年　　（株）NewsT研究所設立・代表取締役

建築Jウォーク
ちょっと真面目、ちょっと皮肉

2005年　3月　10日　　第1版第1刷 発行
2007年　2月　20日　　第1版第2刷 発行

著者　石山　祐二
© 2005 Yuji Ishiyama

発行者　高橋　孝
発行所　三和書籍
〒112-0013　東京都文京区音羽2-2-2
TEL 03-5395-4630　FAX 03-5395-4632
sanwa@sanwa-co.com
http://www.sanwa-co.com/
印刷所／製本　株式会社新灯印刷

ISBN4-916037-73-1

乱丁、落丁本はお取り替えいたします。価格はカバーに表示してあります。

三和書籍の好評図書
Sanwa co.,Ltd.

中国人は恐ろしいか!?
〈知らないと困る中国的常識〉
尚会鵬　徐晨陽著　四六判　並製本　定価：1,470円

●喧嘩であやまるのは日本人、あやまらないのは中国人。電車で席を譲るのは中国人、知らんぷりするのは日本人……。日本人と中国人の文化の違いをエピソードを通して、おもしろく国民性を描き出している。

毛沢東と周恩来
〈中国共産党をめぐる権力闘争【1930年～1945年】〉
トーマスキャンペン著　杉田米行訳
四六判　上製本　定価：2,940円

●"人民の父"と謳われる毛沢東と、共産党最高幹辺として中国の礎を築いた周恩来については、多くの言粋がなされてきた。しかし多くは中国側の示した資料に基づいたもので、西側研究者の中にはそれらを疑問視する者も少なくなかった。本書は、筆者トーマス・キャンペンが、1930年から1945年にかけての毛沢東と周恩来、そして"28人のボリシェビィキ派"と呼ばれる幹部たちの権力闘争の実態を徹底検証した正に渾身の一冊である。

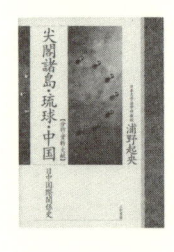

尖閣諸島・琉球・中国
【分析・資料・文献】
浦野起央著　A5判　上製本　定価：8,400円

●日本、中国、台湾が互いに領有権を争う尖閣諸島問題……。筆者は、尖閣諸島をめぐる国際関係史に着手し、各当事者の主張をめぐって比較検討してきた。本書は客観的立場で記述されており、特定のイデオロギー的な立場を代弁していない。当事者それぞれの立場を明確に理解できるように十分配慮した記述がとられている。

徹底検証！日本型ODA
〈非軍事外交の試み〉
金熙徳著　鈴木英司訳　四六判　並製本　定価：3,150円

●近年のODA予算の削減と「テロ事件」後進められつつある危険な流れのなかで、平和憲法を持つ日本がどのようなかたちで国際貢献を果たすのかが大きな課題となっている。非軍事外交の視点から徹底検証をした話題の書。

三和書籍の好評図書
Sanwa co.,Ltd.

自律神経と免疫の法則
＜体調と免疫のメカニズム＞

安保　徹　著
B5判　236頁　並製　定価 6,500円 + 税

●免疫学についてたくさんの本を出した安保徹先生の専門書。これを読まずして、安保理論は語れない！　癌やアトピー、ストレスや胃潰瘍まで緻密な研究結果の集大成。免疫学を知るための30の法則を紹介。

宇宙飛行士はイビキをかかない
＜くちびるの不思議な働き＞

秋広良昭　著　四六判　304頁　並製本 1,500円

●本書では口唇筋の重要性について専門的、かつわかりやすく述べられており、本書を読み終えたとき、タイトルの意味の深さに気づくことだろう。口唇筋の重要性を知るためにも、必携の一冊となるに違いない。

立ち読みでわかるイビキの本
＜鼻呼吸が健康体をつくる＞

秋広良昭、細川壮平　著　四六判　140頁　並製本 1,100円

●口呼吸の人に多いニキビは成人病の一因にもなっているということを詳しく解説。イビキ解消グッズ・パタカラで口唇筋を鍛えれば健康になることを発見した画期的な一冊。

立ち読みでわかる前頭葉のきたえ方
＜ボケ脳梗塞を治す＞

秋広良昭　著　四六判　130頁　上製本 1,100円

●口唇筋ストレッチ器具、パタカラを使うイビキだけではなく、ボケや脳梗塞にも驚く効果があることが分かった。著者が自ら老人病院で行ったパタカラ実践の様子を基に、その驚くべき事実を検証する。

三和書籍の好評図書
Sanwa co.,Ltd.

2005年版バリアフリーデザインガイドブック
＜高齢者の自立を支援する住環境デザイン＞
バリアフリーデザインガイドブック編集部　編
A5判　368頁　並製本　3,000円
●もはや定番となったバリアフリーデザインガイドブックの2005年度版。今回の特集は、1,ユニバーサルデザインアンケート調査結果　2,バリアフリー住宅設計見積事例

バリアフリー住宅読本
＜高齢者の自立を支援する住環境デザイン＞
高齢者住宅研究所・バリアフリーデザイン研究会著
A5判　196頁　並製　定価2,200円＋税
●家をバリアフリー住宅に改修するための具体的方法、考え方を部位ごとにイラストで解説している。バリアフリーの基本から工事まで、バリアフリーの初心者からプロまで使えます。福祉住環境必携本!!
　○日常生活をバリアフリーにする
　○生活空間をバリアフリーにする
　○住宅をバリアフリーに改修する

住宅と健康
＜健康で機能的な建物のための基本知識＞
スウェーデン建築評議会編　早川潤一訳
A5変判　280頁　上製　定価2,800円＋税

●室内のあらゆる問題を図解で解説するスウェーデンの先駆的実践書。シックハウスに対する環境先進国での知識・経験を取り入れ、わかりやすく紹介。

180年間戦争をして こなかった国　日本図書館協会選定図書
＜スウェーデン人の暮らしと考え＞
早川潤一著
四六判　178頁　上製　定価1,400円＋税

●スウェーデンが福祉大国になりえた理由を、戦争を180年間してこなかったところに見い出した著者が、スウェーデンの日常を詳細にスケッチする。平和とは何か。平等とは何か。この本で新しい世界が開けるだろう。